だれにでも話せる基本フレーズ20とミニ会話36

新ゼロからスタート韓国語
会話編
CD付

鶴見ユミ
Tsurumi Yumi

Jリサーチ出版

読者へのメッセージ

　韓国は日本から最も近い外国として、ここ数年日本人の海外渡航先のベスト10に入り続けています。しかし、アルファベットを使わない文字のせいで、街中の看板や食堂のメニューが読めないことや、似たような顔をしているのに全く言葉が通じなくてもどかしい思いをした方も多いかもしれません。また、最近では気に入った芸能人の歌や映画のセリフを聞き取りたくて勉強を始める方も多いようです。

　実は日本語ネイティブにとって韓国語は一番早く習得できる外国語なのです。初めて見る文字に戸惑いを感じる方は多いかもしれません。しかし、体系的な発音の法則や文法を理解し、それらの基本をしっかりと学べば、語彙（単語数）を増やしていくだけであっという間に韓国語が口をついて出てくるようになります。

　基礎をしっかり学ぶ方法は、やみくもに暗記する学習方法よりもはるかに早く、確実にマスターできます。学習を始める前に10ページからの「韓国語の特徴を知ろう」を読み、学習方法の秘訣を知ってください。

　姉妹書の『ゼロからスタート韓国語 文法編』では、韓国語の発音や文法の法則を重視した中級までの会話を収録しましたが、この『新ゼロからスタート韓国語 会話編』では、発音や文法の法則に対する説明は最低限にとどめ、「すぐに話せる」ことを目標にしています。まず「発音編」と「あいさつ編」で韓国語会話の基礎を学びます。次に、「フレーズ編」で会話に必要な基本フレーズ20を学習します。

フレーズ編だけでも、旅行時の簡単な会話が可能です。また、ドラマなどで韓国語を聞き慣れている方ならば、うすうす感じている「韓国語の文末表現」の多様さにも対応できるように、会話でよく使われる文末表現や接続語尾を身につけられるようにしました。巻末の「語尾活用リスト」「変格用言と連体形について」を含めると、文末表現に関しては文法編よりもはるかに多様な表現を収録しています。

　後半は、フレーズ編や活用リストを応用した、旅行などの日常会話に役立つシーン別の会話を36収録しました。暗記がしやすいように、なるべく短く、かつネイティブが最もよく使う表現だけに絞り込みましたので、韓国旅行でさっそく使ってみてはいかがでしょうか？ 会話が通じる喜びを感じることができるはずです。

　文法に関してさらに詳しく理解したい方は、『ゼロからスタート韓国語 文法編』をご覧ください。

　日本からたった1～2時間の移動で異文化を体験できる国が韓国です。韓国語を話せるようになって友だちをつくってみると、さらに楽しい体験ができるはずです。この本をきっかけに1人でも多くの方がそういう体験をされることを願っています。

2016年8月
鶴見 ユミ

新ゼロからスタート韓国語 会話編
も く じ

読者へのメッセージ 2
本書の利用法 8
韓国語の特徴を知ろう 10

第1章　発音編 13
文字のしくみ／基本母音／合成母音／基本子音／
パッチムの音／発音の変化

第2章　あいさつ編 25
韓国語の語順と助詞の使い方／体言語尾一覧表 26
  1. こんにちは 28
  2. さようなら 30
  3. はい／いいえ 31
  4. ありがとう 32
  5. ごめんなさい 33
  6. すみませんが 34
  7. ご用件は? 35
  8. 〜といいます 36

第3章　フレーズ編 37
  1. ありますか?　 있어요? 38
  2. ありません。　 없어요 40
  3. です。　 이에요./예요 42
  4. ではありません。　 아니에요 44
  5. でいらっしゃいますか?　 이세요?/세요? 46
  6. ください。　 주세요 48

4

7. いくらですか？　얼마예요？	50
8. 何～？　몇～？	52
9. 何ですか？　뭐예요？	54
10. いつですか？　언제？	56
◆練習問題	58
11. 何／何の?　무슨～？	64
12. どこですか？　어디예요？	66
13. どんな～？　어떤～？	68
14. どれくらい？　얼마나？	70
15. 誰？　누구？	72
16. どうして？　왜？	74
17. どうですか？　어때요？	76
18. どうやって？　어떻게？	78
19. いいです。　좋아요	80
20. 好きです。　좋아해요	82
◆練習問題	84

第4章　活 用 編 91
活用一覧表／基本形のしくみ／第Ⅰ活用の作り方／
第Ⅱ活用の作り方／第Ⅲ活用の作り方 92

1. Ⅰ-고 싶은데요．　～したいのですが	96
2. Ⅲ-요．　～ます	97
3. Ⅲ-ㅆ어요　～ましたか	98
4. Ⅰ-지요．　～でしょう	99
5. Ⅰ-지만　～けれど	100
6. Ⅱ-면　～たら／れば	101

7. Ⅲ-서　～て（なので） ... 102
8. 안＋用言　～しない ... 103
9. 못＋用言　～できない ... 104
10. Ⅱ-ㄹ 수 있어요.　～することができる ... 105
◆練習問題 ... 106

第5章　シーン編 ... 113

[あいさつと自己紹介]

1. あいさつの基本 ... 114
   ①あいさつ　②お礼　③別れる
2. 自己紹介 ... 118
   ①自己紹介をしよう　②友達を紹介する　③相手のことを尋ねる
3. 約束 ... 122
   ①友達を誘う　②約束する　③時間に遅れる
◆韓国語作文トレーニング ... 126
◆音読ロールプレイ ... 128

[日常生活]

4. 電話 ... 130
   ①電話をかける　②伝言をする
   ③携帯電話番号・メールアドレスを聞く
5. 食事 ... 134
   ①料理について尋ねる　②注文する　③支払う
6. ショッピング ... 138
   ①試着する　②まけてもらう　③支払う
◆韓国語作文トレーニング ... 142
◆音読ロールプレイ ... 144

[海外旅行]
 7. 空港・機内 146
   ①機内で注文する　②税関検査　③空港でチェックインする
 8. ホテル 150
   ①チェックイン　②サービスを頼む　③レストラン
 9. 観光 154
   ①道を聞く　②切符を買う　③写真を撮ってもらう
◆ 韓国語作文トレーニング 158
◆ 音読ロールプレイ 160

[トラブルと日本紹介]
 10. トラブル 162
   ①荷物がない　②盗難を警察に届ける　③ホテルの部屋のトラブル
 11. 病院 166
   ①具合が悪い　②薬局に行く　③歯医者に行く
 12. 日本を紹介する 170
   ①日本料理　②映画・アニメ　③ハイテク製品
◆ 韓国語作文トレーニング 174
◆ 音読ロールプレイ 176

その他の公式リスト 178
変格用言と連体形について 187
巻末付録 191

本書の利用法

　本書は韓国語の会話をゼロから身につけるための1冊です。まず「発音編」「あいさつ編」で韓国語会話の基礎を身につけます。その後、「フレーズ編」「活用編」で基本フレーズを覚え、「シーン編」でさまざまな会話場面を体験できるように構成されています。

［発音編］
ハングルのしくみと発音の基本を身につけましょう

韓国語はハングル文字を覚えることから学習がスタートします。子音と母音の組み合わせで、文字=発音が決まります。文字と発音を一緒に覚えるのがコツです。

［あいさつ編］
韓国語のあいさつの表現を覚えましょう

「こんにちは」「ありがとう」「ごめんなさい」など韓国語会話に必要なあいさつの表現を覚えましょう。

［フレーズ編］
20の基本表現を覚えましょう

さまざまな会話の基本となるフレーズをマスターしましょう。「〜です」「何ですか」「どこですか」「どれくらい〜?」など。基本フレーズに置き換え単語を入れて練習しましょう。

［活用編］
10の基本活用を知っておきましょう

活用形を知ることで応用力がぐんとアップします。必須の活用10種類を、会話フレーズにのせて一気にマスターしましょう。

［シーン編］
生活・旅行場面の会話を楽しみましょう

「自己紹介」から、「電話」「食事」「ショッピング」などの日常生活シーン、そして「空港・機内」「ホテル」「観光」などの旅行シーンまで、すぐに使える会話を練習しましょう。

- ■ **基本フレーズ** 説明を読んで機能をつかみましょう。
- ■ **単語で置き換えトレーニング** 基本フレーズに置き換え単語をのせて、言ってみましょう。

例）フレーズ編

- ■ **ワンポイントアドバイス**
  基本フレーズを使うときのポイントや言葉の背景などを説明します。
- ■ **頻出フレーズ** いっしょに覚えておきたい関連フレーズです。

'B からの' 学習もしっかりと！

話すためには韓国語の音声をしっかり身につける必要があります。CDを活用しましょう。
収録内容：「発音編」→発音例、「あいさつ編」→フレーズ、「フレーズ編」「活用編」→「単語で置き換えトレーニング」「頻出フレーズ」、「シーン編」→「とっておき会話」が収録されています。

●覚えておきたい頻出単語

会話でよく使う常用単語をまとめました。ジャンル別に分類してあるので、アタマを整理しながら覚えられます。

●語尾活用リスト／変格用言と連体形について

「活用編」で紹介できなかった基本的な活用・頻出語尾を、巻末にまとめました。

●巻末付録　フレーズ集

本書で紹介した会話フレーズの中から、日常会話でよく使う簡単な表現50を収録しました。

韓国語の特徴を知ろう

　世宗(セジョン)大王（1397〜1450年）によってハングルが発明される以前、朝鮮半島では中国の難しい漢文が使われていました。ハングルは、母音は陰陽五行をもとに、子音は口の形をかたどって作られたため、誰にでも読み書きができるようになりました。勉強を始める前に、漢字とのかかわり、日本語との共通点など韓国語の特徴を知ることによって、学習のコツが見えてきます。

　まずは韓国語と日本語の比較をしてみましょう。

A 韓国語の原文を見てみましょう。

선생님은 오전9시부터 오후5시까지 사무실에서 근무합니다.

当然ですが、数字以外は見てもさっぱりわかりませんね？

B 次に漢字語の部分だけ漢字に直した文を見てみましょう。

先生님은 午前9時부터 午後5時까지 事務室에서 勤務합니다.

何を言っているのか意味だけはわかってきましたか？

C 次に日本語に訳した文を見てみましょう。

先生は午前9時から午後5時まで事務室で勤務します。

Bで推測した意味はだいたい合っていましたか？

　それでは、具体的にいくつか例を挙げてそれぞれの共通点や勉強しやすいといわれる点を検証してみましょう。

1 **漢字語の発音が日本語にとても似ています。**
(日本語→韓国語→発音)
高速道路→**고속도로**→コソクトロ
約束→**약속**→ヤクソク

2 **外来語もあります。**
タクシー→**택시**→テクシ

3 **漢字語が共通していて、読み方はひとつです。**
韓国語と日本語には共通する漢字語がたくさんありますが、韓国語では漢字語も漢字で表記せず、ハングルで表記します。また、漢字には音読みひとつしかありませんので、簡単に覚えることができます。
ex) 日本語で「高」は、音読みでは「コウ」、訓読みでは「たか-い」と読みますが、韓国語では「**고**」[ko]の読みひとつだけです。

4 **語順がほぼ同じです。**
日本語のように主語から始まります。
ex) 私は日本人です。
　　저는 일본사람입니다.

5 **「て、に、を、は」の助詞があります。**

6 **「する」と同じ動詞があります。**
ex) 宿題をします。
　　숙제를 합니다.
これらの「**하다**動詞」というのは漢字語の2字熟語につなげて使うことができる便利な言葉です。
이용하다→利用する

7「形容動詞」と同じ形容詞があります。
ex）필요하다→必要だ
これらの「하다形容詞」というのは主に漢字語の2字熟語につなげて使うことができます。

8「です・ます」などの丁寧語があります。

9 尊敬語があります。
日本語と同じで尊敬語も謙譲語もあります。目上の人を大切にする文化ですから尊敬語の使い方は必ずマスターしなければなりませんが、日本語のように言葉そのものが変わってしまうものは非常に少なく、ほとんどは規則的な活用で尊敬語を作ることができます。

10 男言葉、女言葉がありません。

11 親しい者どうし、同級生どうし、あるいは目下の人に使う반말（ため口）という語尾や助詞があります。

12 韓国語の活用形は3種類しかありません。
日本語の活用形はたくさんありますが、韓国語の基本的な活用形は3種類のみです。その3種類の活用形に当てはまらない例外的な用言が2種類、特殊な活用をする変格用言と呼ばれるものが6種類ありますが、規則的な活用方法を覚えてしまえば簡単に作ることができます。

　これまで、外国語と聞くだけで「難しそう」と思っていた方々も、韓国語の特徴を知ると、「なんだ！意外と簡単そう」だと感じられるのではないでしょうか？特に、外国語をマスターする上で、語彙を増やすことは一番の難題ですが、日韓共通の漢字語が多いので、日本人にとってはこれほど簡単な外国語はありません。希望を持って学習を始めてください。

第1章
発音編

子音と母音の組み合わせでできているハングル文字は、覚えれば簡単に発音することができます。ただ、母音、子音とも音の種類は日本語より多く、日本語にない音がたくさん出てきます。CDをよく聞いて練習してください。

反切表
はんせつひょう

辞書の配列は、子音は上から順に、母音は左から順にこの表の通りで、辞書を引くときは子音を先に探してから、次に続く母音を探します。

	ㅏ [a]	ㅑ [ya]	ㅓ [ɔ]	ㅕ [yɔ]	ㅗ [o]	ㅛ [yo]	ㅜ [u]	ㅠ [yu]	ㅡ [ɯ]	ㅣ [i]
ㄱ [k/g]	가	갸	거	겨	고	교	구	규	그	기
ㄴ [n]	나	냐	너	녀	노	뇨	누	뉴	느	니
ㄷ [t/d]	다	댜	더	뎌	도	됴	두	듀	드	디
ㄹ [r/l]	라	랴	러	려	로	료	루	류	르	리
ㅁ [m]	마	먀	머	며	모	묘	무	뮤	므	미
ㅂ [p/b]	바	뱌	버	벼	보	뵤	부	뷰	브	비
ㅅ [s/ʃ]	사	샤	서	셔	소	쇼	수	슈	스	시
ㅇ [ø/ŋ]	아	야	어	여	오	요	우	유	으	이
ㅈ [tʃ/dz]	자	쟈	저	져	조	죠	주	쥬	즈	지
ㅊ [tʃh]	차	챠	처	쳐	초	쵸	추	츄	츠	치
ㅋ [kh]	카	캬	커	켜	코	쿄	쿠	큐	크	키
ㅌ [th]	타	탸	터	텨	토	툐	투	튜	트	티
ㅍ [ph]	파	퍄	퍼	펴	포	표	푸	퓨	프	피
ㅎ [h]	하	햐	허	혀	호	효	후	휴	흐	히
ㄲ [ʔk]	까	꺄	꺼	껴	꼬	꾜	꾸	뀨	끄	끼
ㄸ [ʔt]	따	땨	떠	뗘	또	뚀	뚜	뜌	뜨	띠
ㅃ [ʔp]	빠	뺘	뻐	뼈	뽀	뾰	뿌	쀼	쁘	삐
ㅆ [ʔs]	싸	쌰	써	쎠	쏘	쑈	쑤	쓔	쓰	씨
ㅉ [ʔtʃ]	짜	쨔	쩌	쪄	쪼	쬬	쭈	쮸	쯔	찌

*発音記号にて若干表記できないものがあります。

合成母音	ㅐ	ㅒ	ㅔ	ㅖ	ㅘ	ㅙ	ㅚ	ㅝ	ㅞ	ㅟ	ㅢ
子音 ㅇ [ø]	애	얘	에	예	와	왜	외	워	웨	위	의

●ハングルと発音

　最初に、ハングルのしくみについて勉強しましょう。ハングルは子音と母音の組み合わせによって作られていますので、ローマ字を想像してみるとわかりやすいでしょう。また、韓国語では漢字語も漢字表記せずに、すべてハングルで表記しますので、子音と母音を覚えれば、簡単に発音することができます。文字配列を覚えれば、わからない単語をすぐに辞書で調べることもできます。

1. 文字のしくみ

　ハングルは子音と母音の組み合わせでできていますが、ローマ字（ka）のように横並びのものだけではなく縦並びのものや、その下にさらに子音がつくものがあります。それらの構成は、おおまかに2つ（AとB参照）に分けることができます。[ ]内は発音記号です。

A）-1　　左右に並ぶもの

子音（初声）	母音（中声）

実際にハングルを当てはめてみましょう。

ㅎ [h]	ㅏ [a]

하 ha

A）-2　　さらにその下に子音（終声/パッチム）がついたもの
　　　　（3つの文字で構成されていても1音節です）

子音	母音
子音（終声）	

実際にハングルを当てはめてみましょう。

ㅎ	ㅏ
ㄴ [n]	

한 han

B)−1　　　上下に並ぶもの

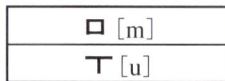

実際にハングルを当てはめてみましょう。

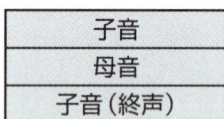

B)−2　　　さらに子音（終声＝パッチム）がついたもの
　　　　　　（3つの文字で構成されていても1音節です）

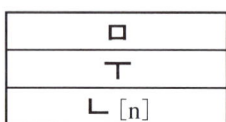

実際にハングルを当てはめてみましょう。

문 mun

2. 基本母音

基本母音は全部で10個です。韓国語の母音は、陰陽五行をもとに作られていますので、A）〜E）に表記した2つの母音は、それぞれ文字の形が対称的なつくりになっていますが、発音時の口の形はほぼ同じです。口の形に気をつけながら、それぞれ2つの文字を発音してみると、発音の微妙な違いも理解できるでしょう。

日本人には区別しにくい、2つの「オ」（오/어）と、2つの「ウ」（우/으）の音の違いを出すには、口の形に気をつけることが大切です。CDのお手本を聴いて練習しましょう。

基本母音の辞書配列
ㅏ　ㅑ　ㅓ　ㅕ　ㅗ　ㅛ　ㅜ　ㅠ　ㅡ　ㅣ

A) 日本語のアを発音するときの口の形で発音（縦長の口）

ㅇ + ㅏ = 아　アと同じです。
ㅇ + ㅓ = 어　アの口でオを発音します。

B) 日本語のオを発音するときの口の形で発音（すぼめた口）

ㅇ + ㅗ = 오　オと同じです。
ㅇ + ㅜ = 우　オの口でウを発音します。

C) 日本語のイを発音するときの口の形で発音（左右に引っ張った口）

ㅇ + ㅣ = 이　イと同じです。
ㅇ + ㅡ = 으　イの口でウを発音します。

D) 日本語のヤを発音するときの口の形

ㅇ + ㅑ = 야　ヤと同じです。
ㅇ + ㅕ = 여　ヤの口でヨを発音します。

E) ヨとユは日本語とほぼ同じ

ㅇ + ㅛ = 요　ヨと同じです。
ㅇ + ㅠ = 유　ユと同じです。

3. 合成母音

　合成母音はその名の通り、2つの基本母音が合成されて出来た母音で、全部で11個あります。まずは2つの基本母音を並べて1文字ずつ発音し、それを徐々に早口で発音してひとつの合成母音にすると、発音も文字も簡単に覚えることができます。왜, 외, 웨 の3つの文字は形は違いますが、実際の発音はほぼ同じなので、単語を覚えるときは書き取り練習が必要です。

合成母音の辞書配列
ㅐ　ㅒ　ㅔ　ㅖ　ㅘ　ㅙ　ㅚ　ㅝ　ㅞ　ㅟ　ㅢ

A) 아 + 이 = 애　　ɛ・エー　　日本語の「エ」よりも口を大きめに開けて発音します。
　 야 + 이 = 얘　　yɛ・ィエー　口を大きめに開けて「ィエー」と一気に発音します。

B) 어 + 이 = 에　　e・エ　　　日本語の「エ」と同じです。
　 여 + 이 = 예　　ye・ィエ　　「ィエ」と一気に発音します。

C) 오 + 아 = 와　　wa・ワ　　　「ワ」と同じ発音です。
　 오 + 애 = 왜　　we・ゥエー　口をすぼめた「オ」から一気に「ゥエー」と発音します。
　 오 + 이 = 외　　we・ゥエ　　一気に「ゥエ」と発音します。

D) 우 + 어 = 워　　wɔ・ゥオ　　口をすぼめた「ウー」から一気に「ゥオ」と発音します。
　 우 + 에 = 웨　　we・ゥエ　　一気に「ゥエ」と発音します。
　 우 + 이 = 위　　ui・ゥイ　　一気に「ゥイ」と発音します。

E) ㅡベースの合成母音

　 으 + 이 = 의　　ɯi・ウィ　　口を横に広げたまま一気に「ウィ」と発音します。

第1章 ● 発音編

4. 基本子音

　韓国語の子音は全部で19個です。激音(げきおん)と濃音(のうおん)は、平音(へいおん)を元にできた文字ですので、形も発音もよく似ていますが、平音は日本語のカ行、タ行、パ行、チャ行、サ行よりも若干やわらかい音で、激音はそれよりも息が強く出る音です。濃音は日本語ではほとんど使われない、息がまったくもれない高い音です。CDを聞いて音の違いを確認してください。

> **基本子音の辞書配列**
> ㄱ ㄴ ㄷ ㄹ ㅁ ㅂ ㅅ ㅇ ㅈ ㅊ ㅋ ㅌ ㅍ ㅎ
> （濃音は平音に続いて表記されています）

子音19個は5種類に分類され、それぞれに名称があります。
　（鼻音3個）ㄴ ㅁ ㅇ　（流音1個）ㄹ　（平音5個）ㄱ ㄷ ㅂ ㅈ ㅅ
　（激音5個）ㅋ ㅌ ㅍ ㅊ ㅎ　（濃音5個）ㄲ ㄸ ㅃ ㅉ ㅆ

母音と組み合わせて子音の種類を覚えましょう。

1) 鼻音・流音

나	[na] n音	日本語のナ行の音です。
마	[ma] m音	日本語のマ行の音です。
아	[øa] ø音	初声にくる場合は何も発音されません。
라	[ra] r音	日本語のラ行の音です。

2) 平音

日本語の音よりもやわらかく息を吐きます。発音するときに口に手を当てると弱く息がかかります。

가	[ka] k音	日本語のカ行よりやわらかく息を吐きます。
다	[ta] t音	タ行よりやわらかく息を吐きます。
바	[pa] p音	パ行よりやわらかく息を吐きます。
자	[tʃa] tʃ音	チャ行よりやわらかく息を吐きます。
사	[sa] s音	サ行よりやわらかく息を吐きます。

3) 激音

つばが飛ぶくらい強く息を吐きます。口に手を当てると非常に強く息がかかります。

카	[kʰa] kʰ音	日本語のカ行よりも強く発音します。
타	[tʰa] tʰ音	タ行よりも強く発音します。
파	[pʰa] pʰ音	パ行よりも強く発音します。
차	[tʃʰa] tʃʰ音	チャ行よりも強く発音します。
하	[ha] h音	ハ行の音です。

4) 濃音

日本語にはない音です。息がまったくもれない高い音です。口に手を当てても全く息がかかりません。

까	[ʔka] ʔk	「がっかり」の「っか」
따	[ʔta] ʔt	「言った」の「った」
빠	[ʔpa] ʔp	「さっぱり」の「っぱ」
짜	[ʔtʃa] ʔtʃ	「まっちゃ」の「っちゃ」
싸	[ʔsa] ʔs	「あっさり」の「っさ」

5. パッチムの音

　パッチムの種類は、子音(鼻音 ㄴ,ㅁ,ㅇ、流音 ㄹ、平音 ㄱ,ㄷ,ㅂ,ㅈ,ㅅ、激音 ㅋ,ㅌ,ㅍ,ㅊ,ㅎ、濃音 ㄲ,ㅆ) 16個と、二重パッチム(ㄳ,ㄵ,ㄶ,ㄺ,ㄻ,ㄼ,ㄽ,ㄾ,ㄿ,ㅀ,ㅄ) 11個の合計27個ですが、それらはn, m, ŋ, l, k, t, pの7つの音に分類することができます。

　代表的なパッチムの音を表記します。(注：二重パッチムは5-1参照)

A) n音：ㄴ [n]
　　ex) 눈 [nun]
　　「ほんと」の「ん」/「ン」を発音するとき舌は上あごにつけます。

B) m音：ㅁ [m]
　　ex) 몸 [mom]
　　「ほんも」の「ん」/最後の「ム」を発音するとき口をぎゅっと閉じます。

C) ŋ音：ㅇ [ŋ]
　　ex) 방 [paŋ]
　　「ほんが」の「ん」/最後の「ン」を発音するときは口をぽっかりと開けます。

D) l音：ㄹ, ㅀ [l]
　　ex) 말 [mal]
　　「ル」の音は1文字として一気に発音します。

E) k音：ㄱ, ㅋ, ㄲ [k]
　　ex) 약 [ya^k]
　　「ヤッキョク」の「ヤッk」を発音するときは口をぽっかりと開けます。

F) t音：ㄷ, ㅅ, ㅈ, ㅊ, ㅌ, ㅆ [t]
　　ex) 곧 [ko^t]
　　「コッテリ」の「コッt」を発音するとき舌は上あごにつけます。

G) p音：ㅂ, ㅍ [p]
　　ex) 밥 [pa^p]
　　「イッパン」の「イッp」を発音するとき口をぎゅっと閉じます。

5-1 二重（二文字）パッチムの発音の仕方

● 左側を発音するもの
　　밖/k [박]　삯/k [삭]　앉다/n [안따]　많다/n [만타]　있다/t [읻따]
　　곬/l [골]　핥다/l [할따]　앓다/l [알타]　없다/p [업따]

● 右側を発音するもの
　　삶/m [삼]　읊다/p [읍따]

● 母音の前では2つとも発音する
　　닭→ [닥]　닭이→ [달기]

6. 発音の変化

韓国語の文字には書かれたとおりに発音されない文字の組み合わせが存在します。韓国の人は、子どもの頃から韓国語を聞きなれているため、発音の変化の法則について知らなくても発音に支障をきたすことはほとんどありません。しかし、韓国語を耳にする機会が少ない私たちにとっては、法則を知ることが、より正確な発音をマスターする近道です。

1) 連音化の法則

体言・用言にかかわらず、パッチムの次に母音が続くと連音化します。
[ ]内が実際の発音です。

   halin   halin
  할인(割引)[**하린**]

2) 平音が濁音化する場合

母音と母音にはさまれると同じ平音の文字でも「**가가**/カガ、**다다**/タダ、**바바**/パバ、**자자**/チャジャ」のように濁音になります。また、鼻音 ㄴ/ㅁ/ㅇ と流音 ㄹ の後に平音が続くと平音の音がにごって濁音になります。また ㅅ の文字は音の変化がありません。

A) 母音にはさまれる場合

  가구[kagu] カグ(家具) **나비**[nabi] ナビ(蝶)

B) 鼻音/流音の後に続く場合

  한강[haŋgaŋ] ハンガン(漢江) **갈비**[kalbi] カルビ(カルビ)

   注意：漢字語 **여권**[yɔkkɔn](旅券)や合成語 **김밥**[kimpaᵖ](のり巻き)など、これらの発音の変化には当てはまらない例外もあります。

3) 激音 ㅎ の音の特別な変化

ㅎ の音は他の音の影響を受けやすいため、最も注意が必要です。

A) ㅎ の無声音化・弱音化

  ① ㅎ の次に母音が続く場合 ㅎ は発音されない。[ ]内が実際の発音です。
  좋아요[**조아요**]

② パッチムㅁ/ㄴ/ㄹの次にㅎが続く場合ㅎは弱音化する。
전화 [저놔]

> 注意：②の場合のみニュースなどでは [전화] と表記のまま発音していますが
> 会話では上記発音が一般的です。

B) ㅎの激音化

ㅎの音は平音と重なるときにも特殊な発音の変化をします。

① 平音パッチム [k/t/p]（「5. パッチムの音」を参照）の次にㅎが続く場合、パッチムの音が激音に変化します。
집합하다 [지파파다/집팝파다]

② パッチムㅎの次に平音 [k/t/p] が続く場合も、それぞれ平音が激音に変わります。
이렇다 [이러타/이럳타]

4) 濃音化

平音、濃音パッチム [k/t/p]（「5. パッチムの音」を参照）の次に平音ㄱ/ㄷ/ㅈ/ㅂ/ㅅが続く場合、後続する平音が濃音に変わります。

압박 [압빡]

5) 鼻音化

A) パッチム [k/t/p]（「5. パッチムの音」を参照）の次に鼻音ㅁ/ㄴが続くとパッチムがそれぞれㅇ/ㄴ/ㅁに変わります。

kパッチム + ㅁ・ㄴ 한국말 [한궁말]
tパッチム + ㅁ・ㄴ 끝나다 [끈나다]
pパッチム + ㅁ・ㄴ 합니다 [함니다]

B) その他の鼻音化

종로 [종노]　음력 [음녁]　판단력 [판단녁]　십리 [심니]　백리 [뱅니]

C) ㄴの添加

パッチム [k/t/p] の次に이/야/여/요/유が接続されるとパッチムがそれぞれ鼻音化しながらㅇがㄴに変化します。鼻音パッチムの次のㅇもㄴに変化します。

속잎 [송닙]　꽃잎 [꼰닙]　무슨요일 [무슨뇨일]　어떤 일 [어떤닐]

6）流音化

ㄴとㄹの組み合わせでは、ㄴがㄹに変化します。

신라［실라］　일년［일련］

7）口蓋音化

ㄷ/ㅌパッチムのあとに이が続くと、それぞれ「지」「치」に変化します。

해돋이［해도지］　같이［가치］

8）의の発音の変化

A）의が語頭に来る場合は［의/ɰi］と発音します。

의사→［ɰisa］

B）의が語中に来る場合とㅇ以外の子音と共に発音される場合は［이/i］と発音します。

주의하다→［주이하다］
희다→［히다］

C）所有格の助詞의の場合は［에/e］と発音します。

나라의 문제→［나라에 문제］

第2章

あいさつ 編

'こんにちは'、'さようなら'など会話の基本となるあいさつの表現を覚えましょう。CDを聞いて、音読練習をすることで、きちんと身につけることが大切です。

1. 韓国語の語順と助詞の使い方

フレーズ編に入る前に、韓国語の語順と助詞の使い方について勉強しましょう。

1）語順について

語順は日本語とほぼ同じです。

<ruby>친구<rt>チングガ</rt></ruby>가 <ruby>옵니다<rt>オムニダ</rt></ruby>.
友だちが　来ます。

<ruby>저는<rt>チョヌン</rt></ruby> <ruby>학생입니다<rt>ハクセンイムニダ</rt></ruby>.
私は　　学生です。

2）体言語尾（助詞）について

体言（名詞・代名詞）の文字の最後に終声（パッチム）があるかないかで、接続する助詞が変わります。ほとんどの助詞はそれぞれ2つの形を持ちます。

ここでは助詞の「が」を例に説明します。「が」には、**이／가**の2種類があります。

① **친구**（友だち）のように体言の最後の文字にパッチムがない場合は「**가**」を接続します。

친구가 （チングガ）

② **선생님**（先生）のようにパッチムがある場合は「**이**」を接続します。

선생님이 （ソンセンニミ）

2. 体言語尾一覧表

	文字の最後にパッチムのない体言 ex) 친구（友だち）／경주（慶州）	文字の最後にパッチムのある体言 ex) 선생님（先生）／부산（釜山）
が	가　ex) 친구가	이　ex) 선생님이
は	는　ex) 친구는	은　ex) 선생님은
を	를　ex) 친구를	을　ex) 선생님을
と	와　ex) 친구와 선생님（文語的表現）	과　ex) 선생님과 친구（文語的表現）
と	랑　ex) 친구랑 선생님（口語的表現）	이랑　ex) 선생님이랑 친구（口語的表現）
と	하고（体言を選ばずに使える口語的表現）	
へ（方向） で（手段）	로　ex) 경주로	으로　ex) 부산으로
で（場所）	에서　ex) 경주에서／부산에서	
でも	라도　ex) 친구라도	이라도　ex) 선생님이라도
に（事物）	에　ex) 경주에／부산에	
に（人物）	에게／한테（同等・目下の人にだけ使う）　ex) 선생님에게／친구한테	
から（人物）	에게서／한테서（同等・目下の人にだけ使う）　ex) 선생님에게서／친구한테서	
から（時間）	부터　ex) 한 시（1時）부터	
まで	까지　ex) 두 시（2時）까지	
の	의　ex) 선생님의 책（本）・저의 책→제책（私の本）縮約形を使います。	

注意：語幹末にㄹを持つ体言は로の前でも으が入りません。
　　例）지하철로（地下鉄で）　연필로（鉛筆で）　칼로（ナイフで）　서울로（ソウルへ）

 ## こんにちは

「こんにちは」や「初めまして」など人に会った時に最初に使うあいさつの言葉を学びます。

こんにちは

<small>アンニョンハセヨ</small>
안녕하세요.

（相手を選ばず使える親しみを込めた尊敬語尾）

＊韓国語では「おはようございます」「こんにちは」「こんばんは」は全て同じ言葉を使います。時間を選ばず使えますのでとても便利です。안녕하십니까? <small>アンニョンハシムニッカ</small>（フォーマルな席で使います）안녕. <small>アンニョン</small>（友人同士で使える「元気?」といったニュアンスのカジュアルなフレーズです）

はじめまして

<small>チョウム　ペプケッスムニダ</small>
처음 뵙겠습니다.

＊「こんにちは」の後に続けて使う初対面の時のあいさつです。

会えてうれしいです

<small>マンナソ　パンガプスムニダ</small>
만나서 반갑습니다.

＊「はじめまして」の後に続けて使うあいさつです。습니다／ㅂ니다で終わる합니다体の語尾はフォーマルな席で使います。 만나서 반가워요. <small>マンナソ　パンガウォヨ</small>のように요で終わる해요体も丁寧な語尾ですので日常会話では最もよく使われます。

お久しぶりです

<small>オレガンマニエヨ</small>
오래간만이에요.

＊오래간만입니다. <small>オレガンマニムニダ</small>（フォーマル語尾）오래간만이다. <small>オレガンマニダ</small>（「久しぶりだ」の「〜だ」で終わる文語体の語尾は全て다で終わります）

第2章 ● あいさつ 編

お元気でしたか
チャル イッソッソヨ
잘 있었어요?
チャル イッソッソ
＊잘 있었어?(「元気だった?」)ため口の語尾は해요体の最後の요をとるだけです。

お元気でお過ごしでしたか
チャル チネショッソヨ
잘 지내셨어요?
チャル チネッソヨ
＊잘 지냈어요?(「元気に過ごしましたか?」丁寧語)

その間、どのようにお過ごしでしたか
ク ドンアン オットッケ チネッソヨ
그 동안 어떻게 지냈어요?
＊「久しぶり」に関連するフレーズはたくさんありますので、相手が目上の人かどうかによって語尾を使い分けましょう。

さようなら

「さようなら」や「またね」といった、人と別れるときに使うフレーズを学びます。

さようなら

アンニョンヒ　カセヨ
안녕히 가세요.

*안녕히 가십시오.(フォーマル語尾) 잘 가.(親しい者同士が使う「じゃあね」というニュアンス)
　アンニョンヒ　カシプシオ　　　　　　　　　　　チャル　ガー

また、会いましょう

ット　マンナヨ
또 만나요.

*또 만납시다.(フォーマル語尾) 또 봬요.(丁寧語) 또 보자.(「また、会おう」)
　ット マンナプシダ　　　　　　　　ット ベヨ　　　　　　ット ボジャ
또 봐.(「またね」) 만나다には本来「会う」という意味があります。보다は「見る」という意味ですが、英語のseeのように、「会う」という意味でも使われます。
ット ボァ

後で、会いましょう

ナジュンエ　ベヨ
나중에 봬요.

*뵈다というのは「会う」の尊敬語「伺う」「お目にかかる」という意味があり、봬다は뵈옵다の縮約形ですが뵈다と同じ意味です。나중에 만납시다. 나중에 만나요.
　　　　　　　　　　　　　　　　　　　　　　　　　　　　　　ナジュンエ マンナプシダ　ナジュンエ マンナヨ
나중에 보자.「あとで、会おう」
ナジュンエ ボジャ

お気をつけて

チョシメソ　　　　トゥロカセヨ
조심해서 들어가세요.

*들어가다には本来「入る」という意味がありますが「(家に)帰る」という意味でも使われます。몸 조심하세요.「お体に気を付けてください」というニュアンスで使います。
　　　　　　　モム チョシマセヨ
조심해서 잘 가.「気を付けて行ってね」(ため口)
チョシメソ　チャル ガー

第2章 ● あいさつ 編

はい / いいえ

「はい」「いいえ」などのあいづちの言葉を学びます。

はい

네. (ネ)

＊예. 응.(「うん」)目上の人に対しては「うん」は使ってはいけません。
　　(イェ) (ウン)

いいえ

아니요. (アニヨ)

＊아닙니다.(フォーマル) 아니에요.(丁寧語) 아니.(ため口)
　(アニムニダ)　　　　　 (アニエヨ)　　　　　(アニ)

分かりましたか

알겠습니까? (アルゲッスムニッカ)

＊一般的には「分かりますか?」という現在形を使います。알았습니까?「分かりまし
たか?」아셨습니까?「お分かりになりましたか?」(尊敬語) 알겠어요? 알았나요?
(アショッスムニッカ)　　　　　　　　　　　　　　　　　　　　　　(アルゲッソヨ)　(アランナヨ)
알겠죠?「分かったでしょう?」알았니? 알았어?「分かった?」
(アルゲッチョ)

分かりました

잘 알겠습니다. (チャル アルゲッスムニダ)

＊잘は「よく」という意味です。알겠습니다. 알았어요.(過去形の語尾) 알겠어요.
　　　　　　　　　　　　　　 (アルゲッスムニダ)　(アラッソヨ)　　　　　　　(アルゲッソヨ)
알 것 같아요.「(なんとなく)分かります」이해가 돼요.「理解できます」
(アル ッコ カッタヨ)　　　　　　　　　　　　　(イヘガ デヨ)

ありがとう

「ありがとう」などのお礼の言葉を学びます。

ありがとうございます
고맙습니다. （コマプスムニダ）
＊고마워요.（丁寧語）고마워.（ため口）
　（コマウォヨ）　　　　　（コマウォ）

感謝いたします
감사합니다. （カムサハムニダ）
＊감사드리겠습니다.（最上級フォーマル）감사드립니다.（フォーマル）감사드려요.
　（カムサトゥリゲッスムニダ）　　　　　　　　（カムサトゥリムニダ）　　　　　　　（カムサトゥリョヨ）
감사해요.（丁寧語）드리다というのは「差し上げる」という謙譲語です。
（カムサヘヨ）

どういたしまして
천만에요. （チョンマネヨ）
＊뭘요.「とんでもない」별거 아니에요.「大したことありません」
　（ムォルヨ）　　　　　　　　（ビョルコ アニエヨ）

遠慮しないでください
사양하지 마세요. （サヤンハジ マセヨ）
＊사양 마세요.사양 말고.「遠慮しないで」（ため口）
　（サヤン マセヨ）（サヤン マルゴ）

第2章 ● あいさつ 編

5 ごめんなさい

「ごめんなさい」などの謝罪の表現を学びます。

ごめんなさい

ミアナムニダ
미안합니다.

＊죄송합니다. 죄송해요. この「すみません」は謝罪の時のフレーズで、店員を呼ぶときは次ページの저기요. を使います。 미안해요. 미안해. (ため口)
　　チェソンハムニダ　　チェソンヘヨ　　　　　　　　　　　　　　　　　　　　　　　ミアネヨ　ミアネ

申し訳ございません

ノム　　チェソンヘソ　　トゥリル　マルッスミ　オプスムニダ
너무 죄송해서 드릴 말씀이 없습니다.

＊直訳すると「申し訳なさ過ぎて言葉がありません」という最も丁寧な謝罪の表現です。
ミアナダゴ　　　　　パッケ　　ハルマリ　　オムネヨ
미안하다고 밖에 할 말이 없네요. 直訳すると「ごめんなさいとしか言えません」
チョンマルノムミアネ
정말 너무 미안해. 「本当にすまなかった」

謝罪します

サジェハゲッスムニダ
사죄하겠습니다.

＊사죄드립니다. 사죄할게. (謝るよ)
　サジェトゥリムニダ　サジェハルッケ

許してください

ヨンソヘジュセヨ
용서해주세요.

＊용서해주십시오. (フォーマル)　용서를 구합니다. 直訳すると「許しを求めます」
　ヨンソヘジュシプシオ　　　　　　　　　　　ヨンソルル　クハムニダ
　용서해줘. (ため口)
　ヨンソヘジュオ

すみませんが

謝罪ではなく、依頼するときの表現で、フレーズの次に依頼内容を話します。

すみませんが

실례지만
_{シルレジマン}

＊외람되지만「ぶしつけながら」「僭越ながら」という謙譲表現です。실례지만 성함이 어떻게 되세요?「失礼ですがお名前はなんとおっしゃいますか?」は目上の人への頻出フレーズです。

すみません（店員を呼ぶとき）

저기요.
_{チョギヨ}

＊여기요.どちらを使っても構いません。

悪いけれど

죄송하지만
_{チェソンハジマン}

＊미안하지만 죄송하지만～주시겠어요?（悪いけれど～してくださいますか?）依頼文として使うことができます。

頼んでもいいですか?

부탁드려도 될까요?
_{プッタクトゥリョド テルッカヨ}

＊부탁드려도 되겠습니까?「頼んでもよろしいですか?」（フォーマル）부탁드릴 수 있습니까?「お願いできますか?」（フォーマル）부탁드릴 수 있을까요?（丁寧語）부탁드립니다.「お願いいたします」부탁합니다.「お願いします」부탁해도 될까?「頼んでもいい?」부탁해.「頼むよ」

34

第2章 ● あいさつ 編

ご用件は？

相手の意向を尋ねるときに使う表現を学びます。

どのようなご用件ですか？

무슨 용건이십니까?
_{ムスン ヨンコニシムニッカ}

＊용건(用件)뭘 도와드릴까요? 도와드리다(手伝って差し上げる・謙譲語)「何か お手伝いしましょうか?」용건이 뭐야?「何の用?」

どうしたのですか？

무슨 일이세요?
_{ムスン ニリセヨ}

＊무슨 일이십니까?(フォーマル) 무슨 일 있으십니까?왜 그러세요?(相手の表情などから何かあったことを察して尋ねるフレーズです) 왜 그래?「どうしたの?」(ため口)무슨 일 있었어?「何かあったの?」무슨 일 났어?「何か(事件が)あった?」

ご相談があるのですが

상담하고 싶은 일이 있습니다.
_{サンダマゴ シップン ニリ イッスムニダ}

＊상담 부탁드리고 싶습니다.「相談に乗っていただきたいことがあります」상담하고 싶습니다.상담하고 싶은데요.「相談したいです」상담 부탁드려요.

～といいます。

自己紹介の時に使えるフレーズです。

～と申します

~(이)라고 합니다.
ラゴ　　ハムニダ

＊~입니다.「~です」~(이)라고 해요.(丁寧語) ~(이)라고 해.(ため口) ~(이)라고 불러주세요.「~と呼んでください」氏名や会社名など日本語の固有名詞は母音で終わりますので라고 합니다をつなげるだけですが、韓国語の固有名詞は子音で終わることも多いのでその場合は이라고 합니다.をつなげます。例:김형준이라고 합니다.(キムヒョンジュンと申します)

～という会社です

~(이)라는 회사입니다.
ラヌン　　フェサイムニダ

＊(이)라는 회사에서 근무합니다.「~という会社に勤務しております」というフレーズも覚えておくと便利です。

～という大学です

~(이)라는 대학교입니다.
ラヌン　　テハッキョイムニダ

＊~(이)라는 대학이에요.

第 3 章

フレーズ編

日常会話で必ず必要になるフレーズ20を集めました。それぞれに使い方の解説、置き換え練習用の単語を豊富に用意したので、すぐにいろいろな場面で使えるようになります。実際にどんどん会話してみましょう。

フレーズ 1　**存在**「あります/います」

ありますか?

イッソヨ?

있어요?

☆ 基本形(辞書形)は**있다**です。人が「いる」、物が「ある」というふたつの意味があります。

☆ 疑問文**있어요?**のときは語尾だけを上げて発音します。

☆ ニュースや公式な場でアナウンサーが使うフォーマルな語尾(**합니다**体)は**있습니다. / 있습니까?**です。

☆ 「お時間ございますか?」のように、物や時間を尋ねる時に使う尊敬語でかつフォーマルな語尾は**있으십니다.**(ございます)/**있으십니까?**(ございますか?)で、尊敬語の一般的な語尾(**해요**体)は**있으세요./있으세요?**です。

☆ 人に対する尊敬語は全く形が変わります。「先生、いらっしゃいますか?」のように、在室されているかどうか尋ねる時などに使う尊敬語でかつフォーマルな語尾は**계십니까?**(いらっしゃいますか?)/**계십니다.**(いらっしゃいます)で、尊敬語の一般的な親しみを込めた丁寧な語尾は**계세요./계세요?**です。

ワンポイントアドバイス

町の食堂(食堂) 분식[점] (大衆食堂)に入って、生ビールが飲みたいときは 생맥주 있어요?「生ビールありますか?」と尋ねましょう。相手の都合を尋ねるときには 시간이 있어요?「時間がありますか?」を用いることができます。

第3章 ● フレーズ編

単語で置き換えトレーニング

~있어요?　~はありますか？

<small>センメクチュガ</small>　<small>イッソヨ</small>
생맥주가 있어요?
生ビールはありますか？

<small>ネイル</small>　<small>シガニ</small>　<small>イッソヨ</small>
내일 시간이 있어요?
明日、時間はありますか？

<small>エムサイジュヌン</small>　<small>イッソヨ</small>
엠사이즈는 있어요?
Mサイズはありますか？

<small>ィエジョンイ</small>　<small>イッソヨ</small>
예정이 있어요?
予定がありますか？

<small>タルンセギ</small>　<small>イッソヨ</small>
다른 색이 있어요?
ほかの色はありますか？

<small>ムンジェガ</small>　<small>イッソヨ</small>
문제가 있어요?
＜なにか＞問題がありますか？

<small>ヒュジガ</small>　<small>イッソヨ</small>
휴지가 있어요?
ティッシュはありますか？

<small>アイヌン</small>　<small>イッソヨ</small>
아이는 있어요?
こどもはいますか？

音読チェック▶ □ □ □ □ □

頻出フレーズ

<small>チベ</small>　<small>コヤンイガ</small>　<small>イッソヨ</small>
☐ **집에 고양이가 있어요.**
うちに猫がいます。

<small>マシ</small>　<small>イッソヨ</small>
☐ **맛이 있어요?**
おいしいですか？

<small>イリョイレ</small>　<small>シガニ</small>　<small>イッソヨ</small>
☐ **일요일에 시간이 있어요?**
日曜日に時間がありますか？

<small>マシ</small>　<small>オプソヨ</small>
☐ **맛이 없어요.**
まずいです

<small>ハルモニガ</small>　<small>ケシムニダ</small>
☐ **할머니가 계십니다.**
おばあさんがいらっしゃいます。

<small>キムキョスニミ</small>　<small>ヨングシレ</small>　<small>ケセヨ</small>
☐ **김 교수님 연구실에 계세요?**
キム教授は研究室にいらっしゃいますか？

フレーズ 2 存在の否定 「ありません/いません」

ありません

オプソヨ
없어요.

CD 16

☆ 基本形は**없다**で있다の反対語です。人が「いない」物が「ない」という意味です。
疑問文は**없어요?**で、語尾だけを上げて発音します。

☆ ニュースや公式な場でアナウンサーが使うフォーマルな語尾（합니다体）は**없습니다. / 없습니까?**です。

☆ 「お時間ございませんか?」のように、物や時間を尋ねる時に使う尊敬語でかつフォーマルな語尾は**없으십니다.**（ございません）/**없으십니까?**（ございませんか?）で、尊敬語の一般的な語尾（해요体）は**없으세요. / 없으세요?**です。

☆ 人に対する尊敬語は全く形が変わりますので注意が必要です。**없다**（いない）は存在詞ですが尊敬語になると**안 계시다**（いらっしゃらない）という動詞に変わります。尊敬語でかつフォーマルな語尾は**안 계십니다.**（いらっしゃいません）/**안 계십니까?**（いらっしゃいませんか?）、一般的な丁寧な語尾は**안 계세요. / 안 계세요?**です。

ワンポイントアドバイス

ショッピングの時など、お目当ての品物が見つからないときには～**없어요?**（～ありませんか?）と尋ねます。資源節約のため、韓国のホテルには歯ブラシやかみそりがありませんので持参するか、편의점（コンビニ）で購入しましょう。

第3章 ● フレーズ編

単語で置き換えトレーニング

~없어요. ~ありません
オプソヨ?

시험은 없어요.
シホムン オプソヨ
試験はありません

아무도 없어요.
アムド オプソヨ
誰もいません

숙제는 없어요.
スクチェヌン オプソヨ
宿題はありません

아무것도 없어요.
アムゴット オプソヨ
何もありません

생수는 없어요.
センスヌン オプソヨ
ミネラルウォーターはありません

칫솔하고 면도기는 없어요.
チッソラゴ ミョンドギヌン オプソヨ
歯ブラシとカミソリはありません

드라이기는 없어요.
ドゥライギヌン オプソヨ
ドライヤーはありません

치약도 없어요.
チヤット オプソヨ
歯磨きもありません

音読チェック▶ □ □ □ □ □

頻出フレーズ

□ 저에게는 언니가 없어요.
チョエゲヌン オンニガ オプソヨ
私には姉がいません。

□ 내일은 시간이 없으세요?
ネイルン シガニ オプスセヨ
明日はお時間がございませんか?

□ 집에는 강아지가 없어요.
チベヌン カンアジガ オプソヨ
うちには子犬がいません。

□ 부장님은 회의실에 안 계세요.
プジャンニムン フェイシレ アン ゲセヨ
部長は会議室にいらっしゃいません。

□ 방에는 에어컨이 없어요.
パンエヌン エオコニ オプソヨ
部屋にはエアコンがありません。

□ 잔돈이 없어요.
チャントニ オプソヨ
小銭がありません。

フレーズ **3** 肯定・疑問「〜です」

日本人です
イルボンサラミエヨ
일본사람이에요.

☆ 基本形は이다（〜だ）です。名詞と代名詞につなげる指定詞「〜です」という意味です。한국사람（韓国人）のように名詞の最後にパッチムが有るときは이에요.をつなげ、박용준씨（パクヨンジュンさん）のようにパッチムが無いときは예요.をつなげます。

☆ 疑問文이에요?/예요?のときは語尾をあげて発音します。

☆ フォーマルな語尾は입니다./입니까?です。

☆ 目上の人に「キム先生でいらっしゃいますか？」などと確認するときに使うときは、尊敬語でかつフォーマルな語尾は이십니까？/이십니다.を使い、尊敬語の一般的な語尾は이세요？/이세요.を使います。

☆ 語尾にパッチムのある体言の場合は連音化しますので、発音に注意しましょう。
（p.22「ハングルと発音」の＜6.発音の変化＞参照）

ワンポイントアドバイス

한국사람は直訳すると「韓国の人」です。実は漢字語を使った한국인「韓国人」という表現もありますが、私たちが使うと少し失礼なニュアンスがあります。인（人という漢字語）を使わず사람（人という固有語）を使うようにしましょう。目上の人には사람（人）のかわりに분（方）を使いましょう。중국분（中国の方）、미국사람（アメリカの人）、일본사람（日本の人）。

第3章 ● フレーズ編

単語で置き換えトレーニング

~이에요./예요.　～です

저는 일본사람 이에요.
私は日本人です

저는 김수정 이에요.
私はキム・スジョンです

존은 미국사람 이에요.
ジョンはアメリカ人です

저는 이동주 예요.
私はイ・ドンジュです

미화는 한국사람 이에요.
ミファは韓国人です

저는 스기타 케이고 예요.
私は杉田圭吾です

저도 한국사람 이에요.
私も韓国人です

저는 회사원 이에요.
私は会社員です

音読チェック ▶ □ □ □ □ □

頻出フレーズ

□ 저는 학생이에요.
私は学生です。

□ 형은 공무원이에요.
兄は公務員です。

□ 어머니는 주부예요.
母は主婦です。

□ 박선생님은 대학교수십니다.
朴先生は大学教授でいらっしゃいます。

□ 여동생은 대학생이에요.
妹は大学生です。

□ 저는 변호사예요.
私は弁護士です。

フレーズ 4　否定「ではありません」

日本人ではありません。
イルボンサラミ　アニエヨ
일본사람이 아니에요.

☆ 基本形は**아니다**です。「～ではありません」という意味で、3で学習した指定詞の否定形です。

☆ **일본사람**（日本人）のように体言の語尾にパッチムがある場合は**이 아니에요**をつなげ、**소주**（焼酎）のようにパッチムがない場合は**가 아니에요**をつなげます。

☆ 会話では**일본사람 아니에요.**のように、助詞の**가/이**を省略する場合もあります。

☆ 疑問文**아니에요?**は語尾だけを上げて発音します。

☆ フォーマルな語尾は**아닙니다. /아닙니까?**

☆ 目上の人に「キム先生ではございませんか?」と、尋ねるときに使うときは、尊敬語でかつフォーマルな語尾は**아니십니까? /아니십니다.**を使い、尊敬語の一般的な語尾は**아니세요? /아니세요.**を使います。

☆ 韓国語のあいづちを覚えましょう。**네/예**（はい）、**아니요**（いいえ）

ワンポイントアドバイス

하라다씨예요?（原田さんですか?）と尋ねられて違う場合は、たいていは名前を省略して아니에요.（違います）とだけ答えます。

第3章 ● フレーズ 編

単語で置き換えトレーニング

~아니에요.　~ではありません／じゃありません
（アニエヨ）

저는 일본사람이 아니에요.
(チョヌン　イルボンサラミ　アニエヨ)
私は日本人ではありません

정미연 씨는 학생이 아니에요.
(ジョンミヨン　シヌン　ハクセンイ　アニエヨ)
ジョン・ミヨンさんは学生じゃありません

소주가 아니에요.
(ソジュガ　アニエヨ)
焼酎ではありません

떡볶이는 중국요리가 아니에요.
(ットッポッキヌン　チュングンニョリガ　アニエヨ)
トッポッキは中華料理ではありません

우리가족이 아니에요.
(ウリカジョギ　アニエヨ)
私の家族ではありません

저는 사이토가 아니에요.
(チョヌン　サイトガ　アニエヨ)
私は斉藤ではありません

한국차가 아니에요.
(ハングゥチャガ　アニエヨ)
韓国茶じゃありません

아버지는 교사가 아니에요.
(アボジヌン　キョサガ　アニエヨ)
父は教師じゃありません

音読チェック ▶ □ □ □ □ □

頻出フレーズ

☐ **제가 아니에요.**
(チェガ　アニエヨ)
私ではありません。

☐ **여기는 명동 아니에요.**
(ヨギヌン　ミョンドン　アニエヨ)
ここは明洞ではありません。

☐ **김밥은 삼각김밥이 아니에요.**
(キムパブン　サムガクキムパビ　アニエヨ)
キンパプはおにぎりじゃありません。

☐ **저는 한국사람 아니에요.**
(チョヌン　ハングクサラム　アニエヨ)
私は韓国人ではありません。

☐ **저는 은행원이 아니에요.**
(チョヌン　ウネンウォニ　アニエヨ)
私は銀行員ではありません。

☐ **저는 학생 아니에요.**
(チョヌン　ハクセン　アニエヨ)
私は学生ではありません。

45

フレーズ 5 疑問の尊敬

先生でいらっしゃいますか?

ソンセンニミセヨ

선생님이세요?

CD 19

☆ 基本形は이시다です。3で学習した이다(〜だ)に接尾辞시をつなげた尊敬語で、「〜でいらっしゃいますか?」という意味です。

☆ 선생님(先生)のように語尾にパッチムがあるときは이세요?をつなげ、어머니のように語尾にパッチムがないときは세요?をつなげます。

☆ フォーマルな形は(이)십니다./(이)십니까? 一般的な会話では(이)세요を使いますが、公式な場や会社のCEOなどトップ人事に対してはよりフォーマルな(이)십니다.の語尾を使うのがよいでしょう。上下関係がはっきりした韓国では、目上の人には尊敬語を使うのがマナーですので、尊敬語はきちんとマスターしましょう。

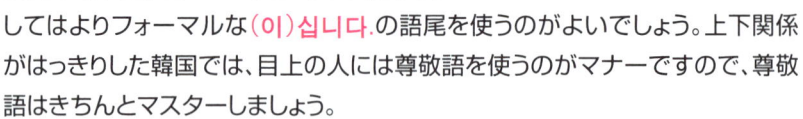

☆ 선생님という言葉は、教師以外の初対面の目上の人に使えますので、相手の身分や役職などがわからない場合にはとても便利です。

☆ 語尾にパッチムがある体言の場合は連音化しますので、発音に注意しましょう。

ワンポイントアドバイス

韓国語では、第二人称の당신(あなた)という呼称はあまり使いません。通常フルネームに씨(さん)つけて呼びますが、初対面でかつ目上の人に対しては선생님(先生)と呼んでもかまいません。

第3章 ● フレーズ編

単語で置き換えトレーニング

〜이세요?／세요?　〜でいらっしゃいますか?

_{ソンセンニム　イセヨ}
선생님 이세요?
先生でいらっしゃいますか?

_{チングブン　イセヨ}
친구분 이세요?
お友達でいらっしゃいますか?

_{ハクセン　イセヨ}
학생 이세요?
学生でいらっしゃいますか?

_{アヌンブン　イセヨ}
아는 분 이세요?
お知り合いでいらっしゃいますか?

_{オモニ　セヨ}
어머니 세요?
おかあさんでいらっしゃいますか?

_{ヌグ　セヨ}
누구 세요?
どなたでいらっしゃいますか?

_{カジョク　イセヨ}
가족 이세요?
ご家族でいらっしゃいますか?

_{カットゥンフェサ　セヨ}
같은 회사 세요?
同じ会社でいらっしゃいますか?

音読チェック▶ ☐ ☐ ☐ ☐ ☐

頻出フレーズ

_{サジャンニミセヨ}
☐ **사장님이세요?**
社長<様>でいらっしゃいますか?

_{ヨボセヨ}
☐ **여보세요?**
もしもし

_{テギ　ヨギセヨ}
☐ **댁이 여기세요?**
お宅は<が>こちら<ここ>ですか?

_{イゴン　ソンセンニメ　チェギセヨ}
☐ **이건 선생님의 책이세요?**
これは先生の本ですか?

_{オディセヨ}
☐ **어디세요?**
どなた様ですか?(どちら様ですか?)

_{イ　ブヌン　ソンセンニメ　ブイニセヨ}
☐ **이 분은 선생님의 부인이세요?**
この方は先生の奥様ですか?

フレーズ 6 要求「ください」

ください
チュセヨ
주세요.

☆ 基本形は**주다**です。**주다**には、**친구가 저에게 책을 줍니다.**「友だちが私に本を**주다**(くれる)」(受け取る立場)と言う意味と、**아버지가 남동생에게 기회를 줍니다.**「父が弟にチャンスを**주다**(与える)」(相手に与える立場)という相反するふたつの意味がありますので注意が必要です。

☆ こではショッピングなどのときに使う**주세요**(ください)と言う表現を学びます。

☆ フォーマルな語尾は**주십시오**です。

☆ 体言の後に**주세요**をそのままつなげることもできますが、助詞を付ける場合は**를/을**(を)をつなげます。体言の語尾に**맥주**のようにパッチムがない場合は**를**をつなげて、**와인**のようにパッチムがある場合は**을**をつなげます。(p.27体言語尾一覧表参照)

☆ 「～してあげる」「～してもらう」という動詞に**주다**をつなげる表現もよく使われますので、覚えておくと便利です。例:Ⅲ-**주다**(p.94「第Ⅲ活用の作り方」)

ワンポイントアドバイス

이(この)/그(その)/저(あの)という指示代名詞のあとに것(もの)をつなげると、それぞれ이것(これ)/그것(それ)/저것(あれ)と言う事物指示代名詞になります。会話のときはパッチムのㅅが取れて이거/그거/저거と変わるのが一般的です。

第 3 章 ● フレーズ 編

単語で置き換えトレーニング

<チュセヨ/ジュセヨ>
〜주세요　〜ください

<イゴ> <ジュセヨ>
이거 주세요
これください

<ワイヌル> <ジュセヨ>
와인을 주세요
ワインをください

<クゴ> <ジュセヨ>
그거 주세요
それください

<プルコギ> <イインブン> <ジュセヨ>
불고기 이인분 주세요
プルコギ2人前ください

<チョゴ> <ジュセヨ>
저거 주세요
あれください

<プデッチゲ> <サミンブン> <ジュセヨ>
부대찌개 삼인분 주세요
プデチゲ3人前ください

<メクチュルル> <ジュセヨ>
맥주를 주세요
ビールをください

<アプチョプシ> <ジュセヨ>
앞접시 주세요
取り皿ください

＊辞書にない新しい言葉です。
접시（皿）と言ってもかまいません。

音読チェック▶ □ □ □ □ □

頻出フレーズ

<メイル> <ジュセヨ>
☐ **메일 주세요.**
メールください。

<ッサイン> <ヘ> <ジュセヨ>
☐ **싸인 해 주세요.**
サインしてください。

<チョナ> <ヘ> <ジュセヨ>
☐ **전화 해 주세요.**
電話してください。

<イ> <カバン> <ジュセヨ>
☐ **이 가방 주세요.**
このかばんください。

<チェグル> <ピルリョ> <ジュセヨ>
☐ **책을 빌려 주세요.**
本を貸してください。

<ソルミョン> <ヘ> <ジュセヨ>
☐ **설명 해 주세요.**
説明してください。

| フレーズ | **7** | 値段を尋ねる |

いくらですか?

オルマエヨ
얼마예요?

☆ 얼마は、「いくら」とか「どれほど」など数量を尋ねる疑問代名詞です。

☆ 6で学習した이것(これ)그것(それ)などの代名詞のほかにも、物の値段を尋ねる場合に使います。

☆ フォーマルな語尾は얼마입니까?

☆ 韓国語は会話の時に限って母音同士が重なると얼맙니까?のように縮約形が使われることがありますが、あくまで話し言葉なので、ビジネスや学習などで文章を書くときは縮約させずに書きましょう。

☆ その他にも、얼마나(どれくらい p.70「フレーズ編」14で学習します)얼마든지(いくらでも)など얼마を応用した表現がいくつかあります。

☆ 漢数字一覧

일／1	이／2	삼／3	사／4	오／5
육／6	칠／7	팔／8	구／9	십／10
오십／50	백／100	천／1,000	만／10,000	십만／100,000

천오백 원(1,500ウォン) 삼천 원(3,000ウォン)만오천 원(15,000ウォン)
이만오천 원(25,000ウォン) 삼만 원(30,000ウォン)　＊お金の単位は表記はアラビア数字です。

ワンポイントアドバイス

市場での値引き交渉などは韓国旅行の楽しみのひとつです。値札がついていない場合は気軽に이거 얼마예요?(これいくらですか?)と尋ねてみましょう。お金に使われる数字は漢数字です

第 3 章 ● フレーズ 編

単語で置き換えトレーニング

~ 얼마예요? 〜いくらですか？
（オルマエヨ）

사과는 얼마예요?
（サグヮヌン　オルマエヨ）
リンゴはいくらですか？

야스다씨 시계는 얼마예요?
（ヤスダッシ　シゲヌン　オルマエヨ）
安田さんの時計はいくらですか？

이 펜은 얼마예요?
（イ　ペヌン　オルマエヨ）
このペンはいくらですか？

동건씨 옷은 얼마예요?
（ドンゴンッシ　オスン　オルマエヨ）
ドンゴンさんの服はいくらですか？

미희씨 집세는 얼마예요?
（ミヒッシ　チプセヌン　オルマエヨ）
ミフィさんの家賃はいくらですか？

아버지 자동차는 얼마예요?
（アボジ　チャドンチャヌン　オルマエヨ）
お父さんの自動車はいくらですか？

그 가방은 얼마예요?
（ク　カバンウン　オルマエヨ）
そのカバンはいくらですか？

그 책은 얼마예요?
（ク　チェグン　オルマエヨ）
その本はいくらですか？

音読チェック ▶ □ □ □ □ □

頻出フレーズ

☐ 이거 얼마예요?
（イゴ　オルマエヨ）
これいくらですか？

☐ 지하철 표는 얼마예요?
（チハチョル　ピョヌン　オルマエヨ）
地下鉄の切符はいくらですか？

☐ 후쿠오카에서
（フクオカエソ）

☐ 5,000엔이에요.
（オチョネニエヨ）
5,000円です。

부산까지는 얼마예요?
（プサンカジヌン　オルマエヨ）
福岡から釜山までいくらですか？

☐ 비행기 표가 얼마예요?
（ピヘンギ　ピョガ　オルマエヨ）
飛行機のチケットがいくらですか？

51

フレーズ 8　数量を尋ねる「何個ですか？」

何個ですか？

ミョッ　ケエヨ
몇 개예요?

☆ 「何個」や「何人」など、名詞や助数詞の前について数を尋ねる疑問詞が **몇**（何）です。

☆ **몇**を使った質問には、たいてい固有数詞を用います。

☆ 固有数詞は1.2.3.4と20のみ、助数詞がつくと形が変わります。
　ex) 하나（ひとつ）→한 개（一個），
　　　둘（ふたつ）→두 개（二個），
　　　셋（みっつ）→세 개（三個），
　　　넷（よっつ）→네 개（四個），
　　　스물（にじゅう）→스무 개（二十個）

☆ 固有数詞一覧表

1	하나	2	둘	3	셋	4	넷	5	다섯	6	여섯
7	일곱	8	여덟	9	아홉	10	열	20	스물	30	서른
40	마흔	50	쉰	60	예순	70	일흔	80	여든	90	아흔

注意：＊100以上の数字は漢数字を用います

ワンポイントアドバイス

助数詞が分からない場合は「ひとつ、ふたつ……」と固有数詞をそのまま使っても構いません。
例:하나 주세요.「ひとつください」　하나 얼마예요?「ひとつ、いくらですか?」

第3章 ● フレーズ編

単語で置き換えトレーニング

몇~ / 몇~
何~

ミョッ サラミエヨ
몇 사람이에요?
何人ですか?

ミョッ クォニエヨ
몇 권이에요?
何冊ですか?

ミョッ サリエヨ
몇 살이에요?
何歳ですか?

ミョッ チャニエヨ
몇 잔이에요?
何杯ですか?

ミョッ ポニエヨ
몇 번이에요?
何回／番ですか?

ミョッ トエヨ
몇 도예요?
何度ですか?

ミョン マリエヨ
몇 마리예요?
何匹ですか?

ミョッ テエヨ
몇 대예요?
何台ですか?

音読チェック ▶ □□□□□

頻出フレーズ

ミョン ミョンイエヨ
□ **몇** 명이에요?
何名ですか?

ミョッ シエヨ
□ **몇** 시예요?
何時ですか?

ミョン ニョンセンイエヨ
□ **몇** 년생이에요?
何年生まれですか?

トゥー シ シボ ブニエヨ
□ 두 시 십오 분이에요.
2時15分です。

ミョッ ケ イッソヨ
□ **몇** 개 있어요?
何個 ありますか?

セー シ シッ プン ジョニエヨ
□ 세 시 십 분 전이에요.
3時10分前です。

53

| フレーズ 9 | 物を尋ねる「何ですか?」

何ですか?
ムォエヨ
뭐예요?

☆ 「何ですか?」の使い方は日本語とほぼ同じです。

☆ 뭐예요? は、フォーマルないいかた 무엇입니까? を縮めた形です。その他にも 뭡니까? という縮約形もあります。

☆ 友達同士では 뭐?（何?）だけを使ってもかまいませんし、뭐야?「何なのよ?」などもドラマなどでよく聞かれるフレーズです。

☆ 이거(これ) 그거(それ) 저거(あれ) などの指示代名詞の後ろにつなげれば、이거 뭐예요?「これ、なんですか?」のように事物について尋ねることが出来ます。

☆ 韓国語の主格助詞は 가/이（が）ですので、이게 뭐예요?「これが何ですか?」と尋ねることは間違いではありません。答えるときの助詞には 이건 오이김치예요.「これはキュウリのキムチです」のように 는/은 を用います。

☆ 이게は 이것이の縮約形で、이건は 이것은の縮約形です。

ワンポイントアドバイス

会話の中では、次のように縮約形が使われるのが普通です。

저에게는 → 저에겐（私には）　　집에는 → 집엔（家には）
누구가 → 누가（誰が）　　　　　누구를 → 누굴（誰を）
무엇이 → 뭐가（何が）　　　　　무엇을 → 뭘（何を）

第3章 ● フレーズ編

単語で置き換えトレーニング

^{ムォエヨ}
～뭐예요 ～何ですか？

^{イゲ} ^{ムォエヨ}
이게 뭐예요?
これは何ですか？

^{クゲ} ^{ムォエヨ}
그게 뭐예요?
それは何ですか？

^{チョゲ} ^{ムォエヨ}
저게 뭐예요?
あれは何ですか？

^{イルミ} ^{ムォエヨ}
이름이 뭐예요?
名前は何ですか？

^{ヘジャンクギ} ^{ムォエヨ}
해장국이 뭐예요?
ヘジャンクックは何ですか？
＊モツなどを辛く煮込んだチゲの種類。

^{ハングンマルロ} ^{ムォエヨ}
한국말로 뭐예요?
韓国語で何ですか？

^{イルボンマルロ} ^{ムォエヨ}
일본말로 뭐예요?
日本語で何ですか？

^{チョ} ^{コンムリ} ^{ムォエヨ}
저 건물이 뭐예요?
あの建物は何ですか？

音読チェック ▶ □ □ □ □ □

頻出フレーズ

^{コンチェギ} ^{モォエヨ}
□ **"공책"이 뭐예요?**
「コンチェク」が何ですか？

^{ケイタイヌン} ^{ハングンマルロ} ^{モォエヨ}
□ **"携帯"는 한국말로 뭐예요?**
「携帯」は韓国語で何ですか？

^{ハングンマルロ} ^{モラゴ} ^{ヘヨ}
□ **한국말로 뭐라고 해요?**
韓国語で何といいますか？

^{イゴン} ^{ノトゥブギエヨ}
□ **이건 노트북이에요.**
これはノートパソコンです。

^{チョゴン} ^{タルリョギエヨ}
□ **저건 달력이에요.**
あれはカレンダーです。

^{オヌゴシ} ^{サジョニエヨ}
□ **어느것이 사전이에요?**
どれが辞書ですか？

55

フレーズ 10 時を尋ねる 「いつですか？」

いつですか？

オンジェエヨ
언제예요?

☆ 언제(いつ)は、時を尋ねる疑問代名詞です。

☆ 語尾に예요?(ですか)입니까?(フォーマルな語尾)の代わりに他の用言をつなげることもできます。
ex）언제 가요?（いつ行きますか？）/언제 있어요?（いつありますか？）

☆ 年月日やお金などには漢数字が用いられます。

☆ 時間の単位だけは何時に固有数詞（p.52参照）を用い、何分に漢数字（p.50参照）を用います。
例:한 시 삼십 분「1時30分」열두 시 십오 분「12時15分」다섯 시 십 분 전「5時10分前」（固有数詞の1〜4は하나→한 개一個 둘→두 개二個 셋→세 개三個 넷→네 개四個と、助数詞の前で形が変わりますので注意してください。時間の11と12も열 하나→열 한 시11時 열 둘→열 두 시12時と、形が変わります。）

ワンポイントアドバイス

韓国の祝祭日には광복절（独立記念日）や한글날（ハングルの日）などもあり、クリスチャンが多い為성탄절（クリスマス）も休日です。
【月名一覧】
일월(1月) 이월(2月) 삼월(3月) 사월(4月) 오월(5月) 유월(6月)
칠월(7月) 팔월(8月) 구월(9月) 시월(10月) 십일월(11月) 입이월(12月)

第3章 ● フレーズ 編

単語で置き換えトレーニング

〜언제예요?（オンジェエヨ）　〜いつですか？

생일은(センイルン) 언제예요?(オンジェエヨ)
誕生日はいつですか？

한국의 추석은(ハングゲ チュソグン) 언제예요?(オンジェエヨ)
韓国のお盆はいつですか？

시험은(シホムン) 언제예요?(オンジェエヨ)
試験はいつですか？

한국의 설날은(ハングゲ ソルラルン) 언제예요?(オンジェエヨ)
韓国のお正月はいつですか？

콘서트는(コンソトゥヌン) 언제예요?(オンジェエヨ)
コンサートはいつですか？

축제는(チュクチェヌン) 언제예요?(オンジェエヨ)
お祭りはいつですか？

휴일은(ヒュイルン) 언제예요?(オンジェエヨ)
お休み《休日》はいつですか？

어린이날은(オリニナルン) 언제예요?(オンジェエヨ)
こどもの日はいつですか？

音読チェック ▶ □ □ □ □ □

頻出フレーズ

□ A: 오늘은 몇 월 며칠이에요?(オヌルン ミョ ドォル ミョッチリエヨ?)
A: 今日は何月何日ですか？

B: 시월 십일일이에요.(シウォル シビリリエヨ)
B: 10月11日です。

□ 언제든지 괜찮아요.(オンジェトゥンジ クェンチャナヨ)
いつでも大丈夫です。

□ 팔십년생이에요(パルシムニョンセンイエヨ)
80年生まれです。

□ 언제 시작해요?(オンジェ シジャッケヨ)
いつ始まりますか？

□ 언제 올 거예요?(オンジェ オル コエヨ)
いつ来ますか？

練習問題

フレーズ編1～10で学習したフレーズを使い、次の日本語を韓国語に直してみましょう。

問題

1 カプチーノありますか?
◆ 카푸치노（カプチーノ）

2 何がありますか?

3 弟はいますか?
◆ 남동생（弟）

4 石けんがありません。
◆ 비누（石けん）

5 私は学生です。
◆ 학생（学生） 대학생（大学生） 고등학생（高校生） 중학생（中学生）
초등학생（小学生）

正解・解説

1 카푸치노 있어요?
　＊注文したいメニューを尋ねるときに使います。

2 뭐가 있어요?
　＊何があるか(どんな種類)を尋ねるときに使います。

3 남동생 있어요?
　＊妹は여동생です。

4 비누가 없어요.
　＊主語を入れ替えてホテルの備品などが無い場合にも使えます。

5 저는 학생이에요.
　＊「です」の前にくる名詞や代名詞の最後の文字にパッチムがあるかないかで이에요/예요と形が変わりますので注意してください。

練習問題

問題

6 私は公務員ではありません。
- ◆ 指定詞の否定形이/가 아니에요.を使います。

7 パク課長さんでいらっしゃいますか?
- ◆ 役職名にも必ず님(様)をつけます。

8 これ、ください。

9 この海苔ください。
- ◆ 돌김(海苔)を直訳すると돌(岩)　김(海苔)です。돌솥비빔밥(石焼ビビンバ)も直訳すると돌솥(石釜)　비빔밥(混ぜごはん)です。

10 Q：このズボンいくらですか?
　　A：35,000ウォンです。
- ◆ 바지(ズボン)
- ◆ 通常の金額表記はアラビア数字のままですが、練習のためにハングルに直しましょう。

正解・解説

6 저는 공무원이 아니에요.
　＊会話では助詞の이/가を省略しても構いませんが、名詞・代名詞の最後の文字にパッチムがあるときは이、ないときは가のどちらをつけるのかを注意しましょう。

7 박 과장님이세요?
　＊韓国は上下の身分関係がはっきりしていますので、目上の人には必ず尊敬語を使います。

8 이거 주세요.
　＊이것を省略した이거でも構いません。

9 이 돌김 주세요.

10 Q：이 바지 얼마예요?
　　 A：삼만 오천 원이에요.

　＊買い物で使えるフレーズは暗記しましょう。
　＊数字を発音するときは連音化に注意して発音しましょう。

練習問題

問題

11 Q：何個必要ですか？
A：2個ください。
◆ 助数詞の前には必ず固有数字が来ます。

12 Q：これ何ですか？
A：それは携帯電話です。

13 Q：夏休みはいつですか？
A：8月からです。
◆ 여름방학(夏休み)학생은 방학(放学という漢字語：長期の休み)을 使いますが、社会人은 휴가(休暇)를 使います。
◆ 부터(から)

14 Q：今何時ですか？
A：9時半です。
◆ 지금(今)
반(半)の代わりに 삼십 분(30分)を使ってもかまいません。分には漢数字を使います。

15 Q：誕生日はいつですか？
A：73年6月23日です。
◆ 생일(誕生日)

第3章 ● フレーズ編

正解・解説

11 Q：몇 개 필요하세요?
A：두 개 주세요.

＊注文するときの定番の表現주세요(~ください)は必ず覚えましょう。

12 Q：이게 뭐예요?
A：그건 핸드폰이에요.

＊이것이の縮約形です。
＊그것은の縮約形です。

13 Q：여름방학이 언제예요?
A：8(팔)월 부터예요.

＊언제부터 시작해요?(いつから始まりますか?)という表現も使えます。
＊何月何日の数字表記は通常はアラビア数字を用います。

14 Q：지금 몇 시예요?
A：아홉 시 반이에요.

＊時間を表す数字は、時の部分が固有数字で、分の部分が漢数字です。表記は通常アラビア数字ですが、반(半)は漢字語ですので数字がありません。

15 Q：생일이 언제예요?
A：73년 6월 23일이에요.

＊生まれ年は西暦の下2桁で答えます。6月(유월)と10月(시월)は元の数詞が変化しますので注意が必要です。

フレーズ 11 物の性質を尋ねる「何／何の?」

何曜日ですか？

ムスン　ニョイリエヨ
무슨 요일이에요?

☆ 무슨(何/何の)は物の性質を尋ねる疑問代名詞です。

☆ 曜日には漢字語が使われます월요일(月曜日)、화요일(火曜日)、수요일(水曜日)、목요일(木曜日)、금요일(金曜日)、토요일(土曜日)、일요일(日曜日)、일주일(一週間)は월,화,수,목,금,토,일と続けて覚えましょう。

☆ 腑に落ちない話を相手がしているときや、話の内容がつかめていないような状況のときに무슨 소리를 하고 있는 거야?「なんてことをいっているの?」무슨 말을 하고 있는 거예요?「何をいっているのですか」などのフレーズも使えます。

☆ 무슨 까닭에「どういうわけで」무슨 이유가 있어서「どんなわけがあって」のように「どんな」という意味でも使われます。

☆ 무슨 바람이 불어서「どうした風の吹きまわしで」という慣用句もよく使われるフレーズです。

ワンポイントアドバイス

오늘(今日)、내일(明日)、어제(昨日)のほかにも、그저께(一昨日)、모레(明後日)なども覚えましょう。

第3章 ● フレーズ編

単語で置き換えトレーニング

_{ムスン}
무슨~?　何／何の~?

_{ムスン}　_{ヨンファエヨ}
무슨 영화예요?
何の**映画**ですか?

_{ムスン}　_{ウムシギエヨ}
무슨 음식이에요?
何の**食べ物**ですか?

_{ムスン}　_{マリエヨ}
무슨 말이에요?
何を**言っている**のですか?

_{ムスン}　_{ヨルラギエヨ}
무슨 연락이에요?
何の**連絡**ですか?

_{ムスン}　_{ウマギエヨ}
무슨 음악이에요?
何の**音楽**ですか?

_{ムスン}　_{セギエヨ}
무슨 색이에요?
何**色**ですか?

_{ムスン}　_{チェギエヨ}
무슨 책이에요?
何の**本**ですか?

_{ムスン}　_{コンブハセヨ}
무슨 공부하세요?
何の**勉強**をなさっているのですか?

音読チェック ▶ ☐ ☐ ☐ ☐ ☐

頻出フレーズ

_{ムスン}　_{ニリセヨ}
☐ **무슨 일이세요?**
何のご用ですか?

_{ムスン}　_{マルル}　_{ヘヤ}　_{ハルジ}　_{モルゲッソヨ}
☐ **무슨 말을 해야 할 지 모르겠어요.**
どういっていいのか分かりません。

_{ムスン}　_{ニリ}　_{イッソヨ}
☐ **무슨 일이 있어요?**
何かあるのですか?

_{ムスン}　_{ニリ}　_{イッソド}
☐ **무슨 일이 있어도.**
何があっても。

_{ヨジュム}　_{ムスン}　_{ニルル}　_{ハセヨ}
☐ **요즘 무슨 일을 하세요?**
最近何をしていらっしゃるのですか?

_{ムスン}　_{ニルロ}　_{ワッソヨ}
☐ **무슨 일로 왔어요?**
何の用で来たのですか?

フレーズ 12 場所を尋ねる「どこですか?」

どこですか?

オディエヨ
어디예요?

CD 26

☆ 어디(どこ)は場所を尋ねる疑問代名詞です。

☆ そのほかにも応用表現で어디서(どこから)や、어디어디(どこどこ)、어디든지(どこでも)、어딘가(どこか)などがあります。

☆ 待ち合わせの場所を決めるときは어디서 만나요?(どこで会いますか?)や、어디서 만날까요?(どこで会いましょうか?)などを使います。それに対する返答は역에서(駅で)や역 앞에서(駅の前で)など、場所を表す助詞에서(で)や、場所指示代名詞(p.66「ワンポイントアドバイス」参照)を用います。

☆ 近所の人があいさつ代わりに어디 가요?「どこに行くの?」と尋ねてくることもありますので、좀 어디 가요.「ちょっと、どこかに行きます」と어디が「どこか」や、「ある所」という不定の場所を意味します。こうしたシチュエーションでは具体的な場所を答えないフレーズを使います。

☆ 고향이 어디세요?「故郷はどちらですか?」 어디 출신이에요?「どこの出身ですか?」会話のきっかけになるフレーズも覚えておきましょう。

> **ワンポイントアドバイス**
>
> 場所を表す指示代名詞を覚えましょう。
> ex) 여기(ここ) 거기(そこ) 저기(あそこ)
> 　　이쪽(こちら) 그쪽(そちら) 저쪽(あちら) 어느쪽(どちら)
> 　　앞(前) 뒤(後ろ) 옆(横) 위(上) 밑/아래(下)

第3章 ● フレーズ編

単語で置き換えトレーニング

オディエヨ
〜어디예요? 〜どこですか?

コヒャンイ　オディエヨ
고향이 어디예요?
故郷／実家はどこですか?

ピョンウォヌン　オディエヨ
병원은 어디예요?
病院はどこですか?

フェサヌン　オディエヨ
회사는 어디예요?
会社はどこですか?

チブン　オディエヨ
집은 어디예요?
家はどこですか?

ハッキョヌン　オディエヨ
학교는 어디예요?
学校はどこですか?

キョンチャルソヌン　オディエヨ
경찰서는 어디예요?
警察署はどこですか?

チハチョルヨグン　オディエヨ
지하철역은 어디예요?
地下鉄の駅はどこですか?

ハングゲ　スドヌン　オディエヨ
한국의 수도는 어디예요?
韓国の首都はどこですか?

音読チェック▶ □ □ □ □ □

頻出フレーズ

オディ　カヨ
☐ **어디 가요?**
どこへ行くのですか?

オディ　サラヨ
☐ **어디 살아요?**
どこ<に>住んでいますか?

オディエ　イッソヨ
☐ **어디에 있어요?**
どこにありますか?/どこにいますか?

オディトゥンジ　ケンチャナヨ
☐ **어디든지 괜찮아요.**
どこでもいいですよ。

オディソ　オショッソヨ
☐ **어디서 오셨어요?**
どちらからいらっしゃいましたか?

オディロ　カルッカヨ
☐ **어디로 갈까요?**
どこに行きましょうか?

| フレーズ | 13 | 形容を尋ねる「どんな？」 |

どんな人ですか？

オットン　サラミエヨ
어떤 사람이에요?

☆ 基本形は**어떻다**(どうだ)です。

☆ **어떤**(どんな)は種類を尋ねる疑問代名詞です。

☆ **어떻다**は、そのほかにも**어떻게**(のように)**어떻게 가요?**(どうやって行きますか？)と方法を尋ねたり、(p.78「フレーズ編」18参照) **어때요?/어떻습니까?**(どうですか)**맛이 어때요?**(味がどうですか？)と状態を尋ねます(p.76「フレーズ編」17参照)。

☆ **어떻다**はㅎ変格活用用言なので、変則的な活用をします。(p.188「変格活用一覧」を参照) **어떻다**(基本形)→**어때요**(どうです)→**어떤**(どんな)

☆ **어떤**の次にいくつかの母音が続くとㄴの添加という発音の変化が起こります。(p.23「発音編」5鼻音化参照)
オットン　ニョリエヨ
ex)**어떤 요리예요?**「どんな料理ですか？」

ワンポイントアドバイス

어떤 사람이에요?(どんな人ですか？)のよりていねいな表現は어떤 분이세요?(どんな方ですか？)。좋은 사람(いい人)키가 큰 사람(背が高い人)など名詞を修飾するには連体形の活用をします。(p.188「連体形について」参照)

第3章 ● フレーズ 編

単語で置き換えトレーニング

어떤~ どんな~
（オットン）

어떤 요리예요 ?
（オットン ニョリエヨ）
どんな料理ですか?

어떤 남자예요 ?
（オットン ナムジャエヨ）
どんな男の人ですか?

어떤 나라예요 ?
（オットン ナラエヨ）
どんな国ですか?

어떤 가게예요 ?
（オットン カゲエヨ）
どんな店ですか?

어떤 이야기예요 ?
（オットン イヤギエヨ）
どんな話ですか?

어떤 내용이에요 ?
（オットン ネヨンイエヨ）
どんな内容ですか?

어떤 물건이에요 ?
（オットン ムルゴニエヨ）
どんな品物ですか?

어떤 음식이 있어요 ?
（オットン ウムシギ イッソヨ）
どんな食べ物がありますか?

音読チェック ▶ □ □ □ □ □

頻出フレーズ

□ 어떤 음식을 좋아해요?
（オットン ウムシグル チョアヘヨ）
どんな食べ物が好きですか?

□ 어떤 색이 있어요?
（オットン セギ イッソヨ）
どんな色がありますか?

□ 어떤 것이 있어요?
（オットン ゴシ イッソヨ）
どんなものがありますか?

□ 어떤 사람이에요?
（オットン サラミエヨ）
どんな人ですか?

□ 어떤 일을 하세요?
（オットン ニルル ハセヨ）
どんな仕事をなさっているのですか?

□ 어떤 사람이 좋아?
（オットン サラミ チョア）
どんな人が好き?

フレーズ 14 程度や数量を尋ねる「どれくらい？」

どれくらい必要ですか？
オルマナ　ピリョヘヨ
얼마나 필요해요?

☆ 程度や数量を尋ねる場合に使われる疑問代名詞です。

☆ 얼마を応用した副詞얼마든지(いくらでも)は、얼마든지 먹을 수 있어요.(いくらでも食べることができます)や얼마든지 쓰세요.(＜お金を＞いくらでも使ってください)などに使うことができます。

☆ 얼마쯤(＜費用が＞いくらぐらい)を使った보증금이 얼마쯤 필요해요?「保証金はいくらくらい必要ですか？」や、여행비용이 얼마쯤 들어요?「旅行費用はいくらくらいかかりますか？」等のフレーズも覚えておくと便利です。

☆ 얼마만큼(＜分量が＞どれくらい)を使って얼마만큼 만들까요?「どれくらい作りましょうか？」など、副詞を使った表現を覚えておくと便利です。얼마만큼は会話の中で縮約されて얼만큼という表現で使われることも多いのでこちらも覚えておきましょう。

ワンポイントアドバイス

時間を尋ねるときは여기까지 얼마나 걸려요?(ここまでどれくらいかかりますか？) 걸리다を使いますが、金額を尋ねるときは서울에서 부산까지 얼마나 들어요?(ソウルから釜山までどれくらいかかりますか？) 들다を使います。

第3章 ● フレーズ編

単語で置き換えトレーニング

얼마나~　どれくらい~

얼마나 걸려요?
(オルマナ コルリョヨ)
どれくらいかかりますか？＜時間＞

얼마나 팔려요?
(オルマナ パルリョヨ)
どれくらい売れますか？

얼마나 들어요?
(オルマナ トゥロヨ)
どれくらいかかりますか？＜お金＞

얼마나 마셔요?
(オルマナ マショヨ)
どれくらい飲みますか？

얼마나 힘들어요?
(オルマナ ヒムドゥロヨ)
どれくらい大変ですか？

얼마나 재미있어요?
(オルマナ チェミイッソヨ)
どれくらいおもしろいですか？

얼마나 좋아해요?
(オルマナ チョアヘヨ)
どれくらい好きですか？

얼마나 기다려야 돼요?
(オルマナ キダリョヤ デヨ)
どれくらい待たなければなりませんか？
（Ⅲ-야 돼요?:p.185「語尾活用リスト」20参照）

音読チェック ▶ □□□□□

頻出フレーズ

□ **얼마나 힘들까요?**
(オルマナ ヒムドゥルカヨ)
どれくらい大変でしょうか？

□ **얼마나 공부했어요?**
(オルマナ コンブヘッソヨ)
どれくらい勉強しましたか？

□ **얼마나 울었는지 모르겠어요.**
(オルマナ ウロンヌンジ モルゲッソヨ)
どれほど泣いたか分かりません。

□ **얼만큼 비가 왔을까?**
(オルマンクム ピガ ワッスルカ)
どれくらい雨が降ったのかな。

□ **얼마나 아팠을까요?**
(オルマナ アッパッスルカヨ)
どれほど痛かったでしょうか？

□ **저 사람을 얼마나 사랑해요?**
(チョ サラムル オルマナ サランヘヨ)
あの人をどれくらい愛しているのですか？

フレーズ 15　人を尋ねる「誰?」

誰をお探しですか?
ヌグルル　チャジュセヨ
누구를 찾으세요?

☆ 누구(だれ)は人を尋ねる疑問代名詞です。

☆ 「だれが」を尋ねる場合のみ누구가ではなく누가と形が変わります。

☆ 누구든지(だれでも)や누구누구(だれだれ/だれとだれ)などの使い方も覚えておきましょう。

☆ 誰の持ち物かを尋ねるときは누구것이에요?(誰のものですか?)や、その縮約形누구 거예요?を用います。それに対しては제 거예요.(私のものです)、선생님 거예요.(先生のものです)などと返答します。

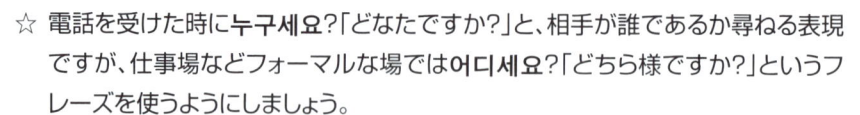

☆ 電話を受けた時に누구세요?「どなたですか?」と、相手が誰であるか尋ねる表現ですが、仕事場などフォーマルな場では어디세요?「どちら様ですか?」というフレーズを使うようにしましょう。

ワンポイントアドバイス

そのほかの他動詞で日本人が間違いやすいのが타다(乗る)です。助詞には를/을(を)を用います。
ex) 버스를 타다(バスに乗る)　자동차를 타다(車に乗る)
　　스키를 타다(スキーをする)

第3章 ● フレーズ 編

単語で置き換えトレーニング

누구~　誰~
ヌグ

누구랑 있어요?
ヌグラン　イッソヨ
誰といるのですか?

누구랑 공부해요?
ヌグラン　コンブヘヨ
誰と勉強しているのですか?

누구를 기다려요?
ヌグルル　キダリョヨ
誰を待っているのですか?

누구에게 전화해요?
ヌグエゲ　チョナヘヨ
誰に電話しているのですか?

누구의 친구예요?
ヌグエ　チングエヨ
誰の友だちですか?

누구를 사랑해요?
ヌグルル　サランヘヨ
誰を愛しているのですか?

누구랑 가요?
ヌグラン　カヨ
誰と行くのですか?

누구를 생각해요?
ヌグルル　センガッケヨ
誰を思っているのですか?

音読チェック▶ □ □ □ □ □

頻出フレーズ

☐ **누구**를 만나요?
ヌグルル　マンナヨ
だれに会うのですか?

☐ **누가** 그래요?
ヌガ　クレヨ
誰がそう言っているのですか?

☐ 저 분은 **누구**세요?
チョ　ブヌン　ヌグセヨ
あの方は誰ですか?

☐ **누군가** 대문 앞에서 기다리고 있는데요.
ヌグンガ　テムン　アッペソ　キダリゴ　インヌンデ
誰かが門の前で待っているのですが。

☐ **누가** 왔어요?
ヌガ　ワッソヨ
誰が来ましたか?

☐ **누가** 할 거예요?
ヌガ　ハル　コエヨ
誰がするのですか?

フレーズ 16 理由を尋ねる「どうして?」

どうしてですか?

ウェヨ
왜요?

☆ **왜**(なぜ/どうして)は理由を尋ねる疑問代名詞です。

☆ **왜**の後続の文章には、**왜 전화 안 했어요?**(どうして電話しなかったの)、**왜 연락 안 했어요?**(どうして連絡しなかったの?)、**왜 안 갔어요?**(どうして行かなかったのですか?)のように否定文が使われることもあります。否定文は動詞の前に**안**をつけます。**하다**動詞の場合は**하다**の直前に**안**をつけます。(p.103「活用編」8参照)

☆ 韓国の人は、韓国語を学ぶ日本人を珍しがって**왜 한국말을 공부해요?**(なぜ韓国語を勉強しているのですか?)や **한국말을 공부한 계기가 뭐예요?**(韓国語を勉強したきっかけが何ですか?)(p.54「フレーズ編」9参照)という質問をすることがあります。勉強する理由は人それぞれ違いますが、**한국드라마를 좋아해요.**(韓国ドラマが好きです)(p.82「フレーズ編」20参照)や、**한국에 흥미가 있어요?**(韓国に興味があります)(p.38「フレーズ編」1参照)などと答えることができます。

ワンポイントアドバイス

理由を尋ねる場合は왜요?を使いますが、相手の話を聞き逃したり、意外な発言に驚く場合は뭐예요?(何ですか?)、뭐라고요?(何ですって?)を用います。

第3章 ● フレーズ編

単語で置き換えトレーニング

왜〜　なぜ〜 (ウェ)

왜 늦었어요? (ウェ ヌジョッソヨ)
なぜ遅れたのですか?

왜 결석했어요? (ウェ キョルソクケッソヨ)
なぜ欠席したのですか?

왜 싫어요? (ウェ シロヨ)
なぜ嫌なのですか?

왜 없어요? (ウェ オプソヨ)
なぜないのですか?

왜 공부해요? (ウェ コンブヘヨ)
なぜ勉強しているのですか?

왜 안 왔어요? (ウェ アナッソヨ)
なぜ来なかったのですか?

왜 울었어요? (ウェ ウロッソヨ)
なぜ泣いたのですか?

왜 숙제 안했어요? (ウェ スクチェ アネッソヨ)
なぜ宿題をしなかったのですか?

音読チェック▶ □ □ □ □ □

頻出フレーズ

☐ **왜 전화했어요?** (ウェ チョナヘッソヨ)
どうして電話したのですか?

☐ **아버지는 왜 화가 나셨어요?** (アボジヌン ウェ ファガ ナショッソヨ)
お父さんはなぜ腹を立てたのですか?

☐ **왜 사람이 많아요?** (ウェ サラミ マナヨ)
どうして人が多いのですか?

☐ **왜 고장 났어요?** (ウェ コジャン ナッソヨ)
どうして壊れたのですか?

☐ **왜 말 안 해요?** (ウェ マル ア ネヨ)
どうして<何も>言わないのですか?

☐ **왜 한국에 유학 갔어요?** (ウェ ハングゲ ユハク カッソヨ)
どうして韓国に留学したのですか?

75

フレーズ 17 状態を尋ねる「どうですか？」

CD 31

どうですか？
オッテヨ
어때요?

☆ 基本形は**어떻다**。状態などを尋ねる疑問詞です。

☆ フォーマルな語尾は**어떻습니까?**です。

☆ フレーズ6で練習した**이것/그것/저것**などの事物指示代名詞に**어때요?**をつなげて**이거 어때요?**（これどうですか？）**저거 어때요?**（あれどうですか？）と質問することができます。会話の中では**이것/그것/저것**の最後のパッチム ㅅ が**이거/그거/저거**と省略されます。

☆ **어떡하지?**（どうしよう）、は独り言でよく使われる表現です。基本形は**어떡하다**。

☆ 目上の人に尋ねる場合は語尾を尊敬語に変えて用います。**어떠세요?**（いかがでございますか）

☆ **맛이 어땠습니까?**「味はいかがでしたか？」や**콘서트 어땠어요?**「コンサート＜は＞どうでしたか？」など、**어땠습니까?/어땠어요?**「どうでしたか？」と過去形にして使うこともできます。

☆ **어떡하지?**（どうしよう）は、独り言でよく使われる表現です。基本形は**어떡하다**。

ワンポイントアドバイス

기분은 어때요?（気分はどうですか？）というのは感情について尋ねる表現で、体調を尋ねたいときは몸이 아파요?（具合悪いのですか？）を用います。そのほかにも어디 아파요?（どこか＜具合が＞悪いのですか？）もよく使われます。

第３章 ● フレーズ 編

単語で置き換えトレーニング

~어때요？　~どうですか？

내일 날씨 어때요？
明日の天気はどうですか？

이 김치 맛이 어때요？
このキムチの味はどうですか？

기분 어때요？
気分はどうですか？

이 치마 어때요？
このスカートはどうですか？

그 여자 어때요？
その女の人はどうですか？

학교 수업 어때요？
学校の授業はどうですか？

유학 생활은 어때요？
留学生活はどうですか？

감기는 어때요？
風邪はどうですか？

音読チェック ▶ □ □ □ □ □

頻出フレーズ

□ **술 한 잔 어때요？**
お酒一杯いかがですか？

□ **살기는 어때요？**
暮らしはいかがですか？

□ **서울 여행은 어땠어요？**
ソウル旅行はどうでしたか？

□ **그 남자 성격이 어때요？**
その男の人＜の＞性格＜は＞どうでしたか？

□ **오늘 시험 어땠어요？**
今日＜の＞試験＜は＞どうでしたか？

□ **저 영화 어땠어요？**
あの映画＜は＞どうでしたか？

77

| フレーズ 18 | 手段・方法を尋ねる「どうやって？」 |

どう思いますか？

オットッケ センガッケヨ
어떻게 생각해요?

☆ 基本形は**어떻다**です。「どうやって」「どう」「なんて」などの方法を尋ねるときに用います。

☆ **어떻다**にI-게をつなげることで「どのように」という副詞の機能を果たします。

☆ **어떻게 써요?**「どのように使うのですか？」のように方法を尋ねられた場合の返答としては、ゼスチャーをしながら**이렇게 해요**.「このようにします」**저렇게 해 주세요**.「あのようにしてください」などのように**이렇게/저렇게/그렇게**を使って答えることもできます。

☆ 道に迷ったときなどは**신라호텔까지 어떻게 가요?**（新羅ホテルまでどうやって行きますか？）と尋ねます。

☆ **어떻든지**というのは**어떠하든지**の会話での縮約形で、「ともかく」「いずれにしても」という副詞です。**어떻든지 저는 한국에 유학가기로 마음 먹었어요.**（ともかく、私は韓国に留学することに決めました）

ワンポイントアドバイス

어떻게 오셨어요?も、訪問先でよく尋ねられる表現ですが、「どうやっていらしたのですか？」と手段を尋ねる意味と、「どういった御用でいらしたのですか？」と用件を尋ねる二つの意味があります。

第3章 ● フレーズ 編

単語で置き換えトレーニング

어떻게~　どうやって/どう~
（オットッケ）

어떻게 가요?（オットッケ カヨ）
どうやって行くのですか?

어떻게 말해요?（オットッケ マレヨ）
どう言うのですか?

어떻게 써요?（オットッケ ッソヨ）
どう書くのですか?

어떻게 타요?（オットッケ タヨ）
どうやって乗るのですか?

어떻게 사용해요?（オットッケ サヨンヘヨ）
どう使うのですか?

어떻게 만들어요?（オットッケ マンドゥロヨ）
どうやって作るのですか?

어떻게 읽어요?（オットッケ イルゴヨ）
どう読むのですか?

어떻게 운전해요?（オットッケ ウンジョネヨ）
どうやって運転するのですか?

音読チェック ▶ □ □ □ □ □

頻出フレーズ

☐ **어떻게 지내셨어요?**（オットッケ チネショッソヨ）
いかがお過ごしでしたか?

☐ **한국어로 어떻게 말해요?**（ハングゴロ オットッケ マレヨ）
韓国語でどのように言いますか?

☐ **주말에는 어떻게 지내세요?**（チュマレヌン オットッケ チネセヨ）
週末はどう過ごされますか?

☐ **어떻게 하면 좋아요?**（オットッケ ハミョン チョアヨ）
どうすればいいですか?

☐ **어떻게 할까요?**（オットッケ ハルッカヨ）
どうしましょうか?

☐ **어떻게 하면 좋을 지 모르겠어요.**（オットッケ ハミョン チョウル ジ モルゲッソヨ）
どうすればよいのか分かりません。

79

フレーズ 19 良好「いいです」

いいです

チョアヨ
좋아요.

☆ 基本形は**좋다**(良い/いい)です。助詞は**가/이**(が)を用いますが、強調するときには助詞に**는/은**(は)を用います。

☆ 反対語は**나쁘다**(悪い)、**나빠요**(悪いです)を使うか、否定形を使った**안 좋아요**(よくないです)を使います。(p.188「特殊語幹用言」参照、否定形：p.103「活用編」8参照)

☆ 拒絶を伝えたいときは**싫어요.**(嫌です)**싫어.**(嫌だ)を使います。

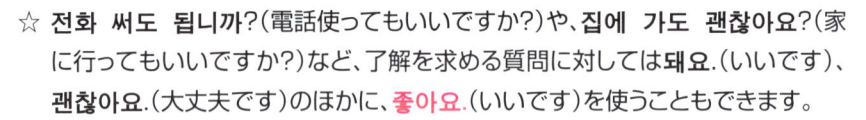

☆ **전화 써도 됩니까?**(電話使ってもいいですか?)や、**집에 가도 괜찮아요?**(家に行ってもいいですか?)など、了解を求める質問に対しては**돼요.**(いいです)、**괜찮아요.**(大丈夫です)のほかに、**좋아요.**(いいです)を使うこともできます。

☆ **이/가 좋다**には「好きだ」という意味もあり、p.82の**을/를 좋아하다**も同じ意味で使いますので、助詞の使い方だけ間違えないように助詞とセットで覚えましょう。

ワンポイントアドバイス

メニューや品物など、何かを選んでもらいたいときは**뭐가 좋아요?**(何がいいですか?)と尋ねることができますし、**뭐가 먹고 싶어요?**(何が食べたいですか?)、**먹고 싶은 거 있어요?**(食べたいものがありますか?)、**갖고 싶은 게 있어요?**(欲しいものがありますか?)なども頻出フレーズです。

第3章 ● フレーズ 編

単語で置き換えトレーニング

~좋아요.　~いいです
（チョアヨ）

날씨가 좋아요.（ナルシガ チョアヨ）
天気がいいです

분위기가 좋아요.（プニギガ チョアヨ）
雰囲気がいいです

맛이 좋아요.（マシ チョアヨ）
味がいいです

얼굴색이 좋아요.（オルグルセギ チョアヨ）
顔色がいいです

발음이 좋아요.（パルミ チョアヨ）
発音がいいです

형편이 좋아요.（ヒョンピョニ チョアヨ）
暮らし／暮らしぶりがいいです

내용이 좋아요.（ネヨンイ チョアヨ）
内容がいいです

성격이 좋아요.（ソンキョギ チョアヨ）
性格がいいです

音読チェック ▶ □ □ □ □ □

頻出フレーズ

□ **이것보다 저것이 좋아요.**（イゴッポダ チョゴシ チョアヨ）
これよりあれがいいです。

□ **너무 좋아요.**（ノム チョアヨ）
すごくいいです。

□ **어느것이 좋아요?**（オヌゴシ チョアヨ）
どれがいいですか？

□ **좋은 사람이지만 제 타입이 아니에요.**（チョウン サラミジマン チェ タイビ アニエヨ）
いい人だけれど私のタイプではありません。

□ **그 사람은 얼굴도 성격도 좋아요.**（ク サラムン オルグルド ソンキョクト チョアヨ）
その人は顔も性格もいいです。

□ **머리가 좋아요.**（モリガ チョアヨ）
頭がいいです。

81

| フレーズ 20 | 好み「好きです」|

好きです

チョアヘヨ
좋아해요.

CD 34

☆ 基本形は**좋아하다**です。19で学習した**좋다**は形容詞ですが**좋아하다**は「好む」という動詞です。助詞には必ず**를/을**(を)を用います。

☆ 反対語は**싫어하다**(嫌う)です。**좋아하다**の否定形である**안 좋아해요.**(好きじゃありません)と**좋아하지 않아요.**(好きではありません)を使うこともできます。

☆ 自分の好みを伝えるときは、**저는 김치를 좋아해요.**(私はキムチが好きです)のように、**저는**(私は)のあとに文をつなげます。

☆ **을/를 좋아해요.**を直訳すると、「～を好みます」ですが、会話では少し不自然な表現ですので、通常は「～が好きです」と訳します。フレーズ19の**좋아요.**とは助詞を区別して使わなければなりません。(p.82「ワンポイントアドバイス」参照)

☆ 相手が目上の人の場合は尊敬語の語尾を使います。**음악을 좋아하세요?**(音楽がお好きですか?)(Ⅱ-시:尊敬語p.181「語尾活用リスト」11参照)

ワンポイントアドバイス

フレーズ19で学習した**이/가 좋다**と**을/를 좋아하다**は両方とも「好き」という意味を持っていますが、前につなげる助詞は決まっていますので間違えないように注意しましょう。

第３章 ● フレーズ編

単語で置き換えトレーニング

～좋아해요. 〜好みます／好きです
チョアヘヨ

ヨンファルル チョアヘヨ
영화를 좋아해요.
映画が好きです

パダルル チョアヘヨ
바다를 좋아해요.
海が好きです

イルシグル チョアヘヨ
일식을 좋아해요.
日本食が好きです

カンアジルル チョアヘヨ
강아지를 좋아해요.
子犬が好きです

ヨヘンウル チョアヘヨ
여행을 좋아해요.
旅行が好きです

トゥソルル チョアヘヨ
독서를 좋아해요.
読書が好きです

ウマグル チョアヘヨ
음악을 좋아해요.
音楽が好きです

ク サラムル チョアヘヨ
그 사람을 좋아해요.
その人が好きです

音読チェック▶ □ □ □ □ □

頻出フレーズ

オットン ウムシグル チョアヘヨ
☐ **어떤 음식을 좋아해요?**
どんな食べ物が好きですか？

チョアハヌン ペウガ ヌグエヨ
☐ **좋아하는 배우가 누구예요?**
好きな俳優は誰ですか？

オットン ニョジャルル チョアハセヨ
☐ **어떤 여자를 좋아하세요?**
どんな女の人がお好きですか？

チョヌン プルコギルル チョアヘヨ
☐ **저는 불고기를 좋아해요.**
私は焼き肉が好きです。

ウリ アボジヌン ソジュルル
☐ **우리 아버지는 소주를**
チョアハセヨ
좋아하세요.
私の父は焼酎がお好きです。

ムォボダ ウマグル チョアヘヨ
☐ **뭐보다 음악을 좋아해요.**
何より音楽が好きです。

83

練習問題

フレーズ編11〜20で学んだフレーズを使って、次の日本語を韓国語に直しましょう。

問題

1 Q：今日は何曜日ですか？
A：火曜日です。

2 Q：実家はどこですか？
A：光州です。
◆ 광주(光州)韓国の地名

3 Q：学校はどこですか？
A：ソウル大学です
◆ どこの大学に通っているのかという意味があります。
◆ 서울대학교(ソウル大学)

4 Q：ピンデットクはどんな食べ物ですか？
A：日本のお好み焼きみたいな食べ物です。
◆ 빈대떡(ピンデットク)

5 Q：どんな話ですか？
A：歴史の話です。
◆ 역사 이야기(歴史の話)

第3章 ● フレーズ編

正解・解説

1 Q：오늘은 무슨 요일이에요?
A：화요일이에요.

＊월(月)　화(火)　수(水)　목(木)　금(金)　토(土)　일(日)
　일주일(一週間)は全て覚えましょう。

2 Q：고향이 어디예요?
A：광주예요.

＊実家には고향(故郷)という漢字語を使います。
　어디 출신이에요?(どちらの出身ですか?)も頻出フレーズです。

3 Q：학교는 어디예요?
A：서울대학교예요.

＊その他にも학교는 어디에 있어요?(学校はどこにありますか?)と所在を尋ねる表現もあります。その場合は남산에 있어요.(南山にあります)のように答えます。

4 Q：빈대떡은 어떤 음식이에요?
A：일본의 오코노미야키 같은 음식이에요.

＊빈대떡はジャガイモを摩り下ろしたつなぎに色々な具を入れたお好み焼きのような食べ物です。

5 Q：어떤 이야기예요?
A：역사 이야기예요.

＊이야기(話)にはストーリーという意味もありますので、映画のストーリーを尋ねるときにもこのフレーズを使うことができます。

練習問題

問題

6 Q：福岡から釜山までどれくらいかかりますか？
　A：船で2時間くらいかかります。
　◆ 후쿠오카(福岡)　부산(釜山)
　◆ 배로(船で)　시간(時間)　정도(程度・くらい・ほど)

7 Q：どれくらい面白いですか？
　A：すごく面白いです。
　◆ 너무(すごく／あまりにも)

8 Q：誰と行きますか？
　A：母と行きます。

9 Q：どうして遅れたのですか？
　A：寝坊しました。
　◆ 늦었다(遅れた)
　◆ 늦잠을 자다(寝坊する)

10 Q：どうして嫌いなのですか？
　A：まずいです。
　◆ 맛이 없어요.(まずいです)

第3章 ● フレーズ編

正解・解説

6 Q：후쿠오카에서 부산까지 얼마나 걸려요?
　 A：배로 두 시간정도 걸려요.

7 Q：얼마나 재미 있어요?
　 A：너무 재미있어요.

8 Q：누구랑 같이 가요?
　 A：어머니랑 가요.

＊(이)랑のかわりに하고を使ってもかまいません。
　와/과は文語的な表現です。(p.27「体現語尾一覧表」参照)

9 Q：왜 늦었어요?
　 A：늦잠을 잤어요.

＊잠을 자다(眠る)のほかにも、늦잠을 자다(寝坊する)
　낮잠을 자다(昼寝する)なども覚えましょう。

10 Q：왜 싫어요?
　　A：맛이 없어요.

＊맛이 없어요.(まずいです)

練習問題

問　題

11 Q：このシャツどうですか？
　　A：よく似合っていますよ。
　◆ 셔츠(シャツ)
　◆ 잘 어울리다(よく似合う)

12 Q：ソウルの天気はどうですか？
　　A：いいです。
　◆ 서울(ソウル)

13 Q：会社までどうやって行きますか？
　　A：地下鉄で行きます。
　◆ 手段を尋ねています。

14 Q：これどうですか？
　　A：いいです。

15 Q：韓国のテレビ番組はよく見ますか？
　　A：韓国のドラマが好きです。
　◆ 텔레비프로그램(テレビプログラム)　자주(よく・しばしば)
　◆ 한국 드라마(韓国のドラマ)

正解・解説

11 Q：이 셔츠 어때요?
A：잘 어울려요.

12 Q：서울 날씨는 어때요?
A：좋아요.

＊助詞の의「の」は省略してもかまいません。

13 Q：회사까지 어떻게 가요?
A：지하철로 가요.

＊語尾にㄹを持つ体言は、ㄹの前でも으が入りません。
　ex）배로(船で)버스로(バスで)잠수함으로(潜水艦で)전철로(電車で)

14 Q：이거 어때요?
A：좋아요.

＊時間を表す数字は、時の部分が固有数字で、分の部分が漢数字です。表記は通常アラビア数字ですが、반(半)は漢字語ですので数字がありません。

15 Q：한국의 텔레비프로그램을 자주 보세요?
A：한국 드라마를 좋아해요.

＊좋아해요の前につく助詞は必ず을/를です。

覚えておきたい頻出単語

フレーズ編で出てきた単語や類似の単語をグループごとに集めました。覚えておくと役に立ちますよ (p.112にもあります)。

フレーズ編 1

■**분식에서**　大衆食堂にて
<ruby>プンシゲソ</ruby>

갈비탕（カルビタン）　김치찌개（キムチチゲ）　두부찌개（豆腐チゲ）
된장찌개（味噌チゲ）　순두부（おぼろ豆腐のチゲ）　냉면（冷麺）
물냉면（水冷麺）　비빔냉면（辛い冷麺）　자장면（ジャージャー麺）
설렁탕（雪濃湯）　만두국（餃子スープ）　비빔밥（ビビンバ）

■**한식집에서**　韓国料理店にて
<ruby>ハンシクチベソ</ruby>

불고기（韓国の家庭料理のひとつで、意味は焼肉ですが日本の牛丼の具のような味）
삼계탕（三鶏湯）　해물탕（海鮮鍋）　한정식（韓定食。本来は宮廷料理のこと）
보쌈（包みご飯。色々な野菜でキムチや肉を包んで食べる定食）

■**포장마차에서**　屋台にて
<ruby>ポジャンマチャエソ</ruby>

떡볶이（甘辛餅）　오뎅（おでん）　김밥（のり巻き）　순대（腸詰）　만두（餃子）

＊오뎅は日本語から来た言葉なので、最近では어묵（オムク）という韓国語を使おうという傾向があります。

知っておこう

家庭での食事マナーは国によってずいぶんと違いがあります。韓国では、ごはん茶碗を手に持って食べてはいけません。젓가락（箸）はおかずを取るときだけに使い、そのほかのスープやごはんは숟가락（スプーン）を使って食べます。

第4章

活用編

「会話ができるようになればいい」と思って、表現集を暗記するのも一つの手です。でも、いろいろな場面に即した適切な表現力をつける秘訣は、文法を知ることです。このほうが会話も効率よくマスターできますよ。

●活用形について

韓国語の活用形は第Ⅰ活用、第Ⅱ活用、第Ⅲ活用の3種類です。

1. 活用一覧表

活用の種類	用言	語幹	
第Ⅰ活用	보다	보	
	먹다	먹	
第Ⅱ活用	보다	パッチム無	보
	먹다	パッチム有	먹으
第Ⅲ活用	받다	陽母音	받아
	먹다	陰母音	먹어

2. 基本形のしくみ

基本形のままでは文を作ることはできません。まずは基本形のしくみを見てみましょう。すべての用言は語幹（다の前の部分すべて）と語尾（다の部分）で構成されています。

나 가 다 （出る）
②③⑤ ①語尾

먹 다 （食べる）
②④⑥ ①語尾

① 語　尾　　用言の最後の部分の다
② 語幹末　　語尾の直前の文字　　나가다 먹다
③ 語幹末にパッチム無し　　나가다
④ 語幹末にパッチム有り　　먹다
⑤ 語幹末の母音が陽母音（ト／ャ／ㅗ）　　나가다
⑥ 語幹末の母音が陰母音（ト／ャ／ㅗ 以外）　　먹다

3. 第Ⅰ活用の作り方

　第Ⅰ活用は、基本形の語尾の**다**を取ってから、希望の助動詞 **~고 싶다**（~たい）や意思形 **~겠**（~ます）などのさまざまな公式を接続します。

보다 　 **보** + **公式**
（見る）

먹다 　 **먹** + **公式**
（食べる）

4. 第Ⅱ活用の作り方

　第Ⅱ活用は、基本形から語尾の**다**を取り（①）、用言の語幹末にパッチムがなければそのまま仮定の連結語尾**~면**（~れば）や尊敬の接尾辞**~시**（~なさる）などのさまざまな公式を接続し、語幹末にパッチムがあれば次に**으**を接続し（②）、その次に公式を接続します。

　基本形　　語幹末
오다 　 **오** + **公式**
（来る）

① 基本形から**다**を取る

　基本形　　語幹末
있다 　 **있 으** + **公式**
（ある）

① 基本形から**다**を取る
② 語幹末にパッチムがあるので**으**を接続

5. 第Ⅲ活用の作り方

　第Ⅲ活用は基本形から語尾の다を取ってから、語幹末の母音を確認します。母音が아／야／오と3種類の陽母音である場合は次に아を接続し、それ以外の陰母音である場合は次に어を接続します。それらの活用のあとに過去形〜ㅆ（〜た）や理由・先行動作の連結語尾〜서（〜て）などさまざまな公式を接続します。

① 用言の語幹末が陽母音ㅏ／ㅑ／ㅗの場合は次にㅏを接続します。

받 다　　**받아＋公式**
（受ける）

맞 다　　**맞아＋公式**
（合う）

② 用言の語幹末が陽母音以外の場合は次にㅓを接続します。

먹 다　　**먹어＋公式**
（食べる）

③ 第Ⅲ活用にてㅏかㅓのどちらかを接続したときに、同じ母音が続く場合は母音の同化現象を起こし、ㅏ／ㅓのうち1つが脱落します。

가 다　　**가아**　　**가＋公式**
（行く）

　ㅏと아が同化して1つが脱落します。

서 다　　**서어**　　**서＋公式**
（止まる／立つ）

　ㅓと어が同化して1つが脱落します。

④ 第Ⅲ活用にてㅏ／ㅓを接続した後、縮約（合成母音化）できる用言はそれぞれ合成母音にします。

오다　　　오아　　　와＋公式
（来る）

ㅗとㅏは合成母音ㅘに変化させます。

배우다　　　배우어　　　배워＋公式
（学ぶ）

ㅜとㅓは合成母音ㅝに変化させます。

되다　　　되어　　　돼＋公式
（なる）

ㅚとㅓは合成母音ㅙに変化させます。

기다리다　　　기다리어　　　기다려＋公式
（待つ）

ㅣとㅓは母音ㅕに変化させます。

注意：用言のなかには随意的に「와／오아」「워／우어」「여／이어」どちらを用いてもよいことになっているものもあります。

　例）ㅘ 縮約形　보다(見る)-보아-봐　　고다(煮込む)-고아-과
　　　ㅝ 縮約形　주다(あげる・くれる)-주어-줘　　두다(置く)-두어-둬
　　　ㅕ 縮約形　하시다(なさる)-하시어-하셔
　　　ㅙ 縮約形　되다(なる)-되어-돼

⑤ 特殊な変化をする**하다**用言は活用後の形をそのまま暗記しましょう。

하다　　　해＋公式
（する）

活用 1 希望の助動詞（第I活用）「～したいのですが」

買いたいのですが。
サゴ シップンデヨ
사고 싶은데요.

☆ 第I活用を使った希望を表す助動詞です。用言の語尾の다を取ってから고 싶은데요をつなげます。基本形はI-고 싶다（～したい）。싶어요（～したいです）、싶어요？（～したいですか？）を使うこともできますが、II-ㄴ데요の語尾にすると「～したいのですが」という婉曲表現になります。

単語で置き換えトレーニング

コ／ゴ シップンデヨ
～고 싶은데요. たいのですが

ヨンファルル ポ
영화를 보～
映画を見～

ハングゴ コンブルル シジャッカ
한국어 공부를 시작하～
韓国語を始め～

カバヌル サ
가방을 사～
カバンを買い～

メウンタンウル モク
매운탕을 먹～
メウンタンを食べ～

＊メウンタン…唐辛子のたくさん入った赤く辛いスープ

頻出フレーズ

フェサルル クマン トゥゴ
☐ **회사를 그만 두고**
シップンデヨ
　싶은데요.
会社を辞めたいんですが

イサ カゴ シッポヨ
☐ **이사 가고 싶어요.**
引っ越したいです

ソンゴン ハゴ シッポヨ
☐ **성공 하고 싶어요？**
成功したいですか？

カスガ テゴ シッポヨ
☐ **가수가 되고 싶어요.**
歌手になりたいです

第4章 ● 活用編

活用 2 終結語尾（第Ⅲ活用）「〜ます」

CD 36

よく食べます。

チャル モゴヨ
잘 먹어요.

☆ これまで学習してきた요で終わる終結語尾はすべて해요体と言います。親しみを込めた語尾で、主に日常会話で用いられます。活用は第Ⅲ活用ですので語幹末の母音が陽母音ㅏ、ㅑ、ㅗのときは次に아요をつなげ、それ以外の場合は어요をつなげます(p.94「活用形について」参照)。疑問文はクエスチョンマークをつけて、語尾だけを上げて発音します。

☆ フォーマルな語尾합니다体は、かしこまった席（ニュース、演説）などで使われます。用言の語幹末にパッチムがないときはㅂ니다.（肯定）／ㅂ니까？（疑問）をつなげ、パッチムがあるときは습니다.（肯定）／습니까？（否定）をつなげます。

☆ 指定詞이다(p.42「フレーズ編」3参照) 存在詞있다／없다(p.38／p.40「フレーズ編1.2参照」)

単語で置き換えトレーニング　　音読チェック ▶ □ □ □ □ □

アヨ　　　／　　オヨ
〜아요.／어요. 〜ます

ウリアイヌン　　キムチルル　チャル　モゴ
우리 아이는 김치를 잘 먹어〜
私の子どもはキムチをよく食べ〜

ヨゲソ　　　チングルル　　キダリョ
역에서 친구를 기다려〜
駅で友達を待ち〜

アボジ　　ホラグル　　パダ
아버지 허락을 받아〜
父の許しを受け〜

ハングンマルル　　ペウォ
한국말을 배워〜
韓国語を習い〜

頻出フレーズ　　音読チェック ▶ □ □ □ □ □

ハングンマル　　チャレヨ
□ **한국말 잘 해요?**
韓国語上手ですか？

ハングンマル　　ヘヨ
□ **한국말 해요?**
韓国語話しますか？
＊「話せますか？」というニュアンスです。

活用 **3** 過去形（第Ⅲ活用）「〜ましたか」

CD 37

ご飯食べましたか？

パム　モゴッソヨ
밥 먹었어요？

☆ 第Ⅲ活用を使って過去形をつくります。語幹末の母音が陽母音ㅏ、ㅑ、ㅗのときは次に았어요？をつなげ、陰母音の場合は었어요？をつなげます(p.94「活用形について」参照)。フォーマルな語尾は았습니까？／었습니까？です。

単語で置き換えトレーニング　　音読チェック▶ □□□□□

　　ッソヨ
〜ㅆ어요？　ましたか？

オンジェ　ワ
언제 와〜
いつ来〜

＊(오았を合成母音化して왔)
p.95「活用形について」参照

オンジェ　ヨルラッケ
언제 연락해〜
いつ連絡し〜

オンジェ　イエヤッケ
언제 예약해〜
いつ予約し〜

オンジェ　コンブヘ
언제 공부해〜
いつ勉強し〜

頻出フレーズ　　音読チェック▶ □□□□□

オットッケ　オショッソヨ
☐ **어떻게 오셨어요？**
（どのようなご用件ですか？）

＊どうやって来たのか方法を尋ねる場合にも同じフレーズが使われますが、一般的なあいさつでは用件を尋ねます。

シクサ　ハショッソヨ
☐ **식사 하셨어요？**
（食事なさいましたか？）

＊あいさつのひとつとしてしばしば用いられる表現です。ごく親しい間柄では밥 먹었어요？を用います。

活用 4 事実の確認（第Ⅰ活用）「～でしょう」

暑いでしょう?
덥_{トプチョ}지요?

☆「～でしょう?」は第Ⅰ活用に지요をつなげます。肯定文にすると「～でしょう」「～ですよね」というように話者の強い問いただしの意志表現や、話し手と聞き手が共に知る事実への確認の意味があります。推量の意味はありません。

単語で置き換えトレーニング　　音読チェック ▶ □□□□□

～지요 (チョ／ヂョ) でしょう?

그 영화가 재미있～
_{ク ヨンファガ チェミイッ}
その映画がおもしろい～

도서관에 자주 가～
_{トソグァネ チャジュ カ}
図書館によく行く～

백화점은 편리하～
_{ペッカジョムン ピョルリハ}
デパートは便利～

이 동네는 시끄럽～
_{イ ドンネヌン シックロプ}
ここらへんはうるさい～

頻出フレーズ　　音読チェック ▶ □□□□□

□ 이 책은 공부했지요?
_{イ チェグン コンブヘッチョ}
この本は勉強したでしょう?
＊過去形にもつなげることができます。

□ 이게 뭐지요?
_{イゲ モォジョ}
これは何でしょう?

□ 날마다 바쁘지요?
_{ナルマダ パップジョ}
毎日忙しいでしょう?

□ 우리 여동생 예쁘지?
_{ウリ ヨドンセン イェップジ}
私の妹可愛いでしょ?
＊지요の語尾の요を取るとため口になります。

活用 **5**　逆接（第Ⅰ活用）「～けれど」

CD 39

辛いけれど美味しいです。
メプチマン　　マシッソヨ
맵지만 맛있어요.

☆「～だけれど／～だが」を表す逆接の表現です。活用は第Ⅰ活用に지만をつなげます。「すみませんが」や「失礼ですが」など、会話でよく使われる言い回しがたくさんあります。慣用的なあいさつの文以外は、Ⅰ-지만の後続の文には反対語が用いられます。Ⅲ-ㅆ지만のように過去形にもつなげることができます。

単語で置き換えトレーニング

音読チェック▶ □□□□□

チマン／ジマン
～지만　けれど

ハングンマルン　オリョプ　チェミ　イッソヨ
한국말은 어렵~재미 있어요.
韓国語は難しい～おもしろいです

チョコルレッスン　チョアハ
초콜렛은 좋아하~
ケイクン　シロヘヨ
케잌은 싫어해요
チョコレートは好きだ～ケーキは嫌いです

オルグリ　ィエップ　ソンキョグン　ナッパヨ
얼굴이 예쁘~성격은 나빠요.
顔がきれいだ～性格は悪いです

コンブヘッ　モルゲッスムニダ
공부했~모르겠습니다.
勉強した～わかりません

頻出フレーズ

音読チェック▶ □□□□□

シルレジマン　　ヌグシムニッカ
□ **실례지만 누구십니까?**
失礼ですが、どなた様ですか?

チェソンハジマン　サヤンハゲッスムニダ
□ **죄송하지만 사양하겠습니다.**
すみませんが、遠慮いたします

＊Ⅰ-겠で意思を表します。

チェソンハジマン　　　ソンハミ
□ **죄송하지만 성함이**
オットッケ　テセヨ
어떻게 되세요?
すみませんが、お名前はなんとおっしゃいますか?

＊이름(名前)の尊敬語は성함(お名前)。

| 活用 6 | 仮定形（第Ⅱ活用） 「〜たら／れば」 |

第4章 ● 活用編

CD 40

着いたら電話してください。

トチャッカミョン　　　　チョナヘジュセヨ
도착하면 전화해주세요.

☆「〜たら」「〜れば」を表す仮定形です。第Ⅱ活用に면をつなげます。Ⅲ-ㅆ으면と、過去形に면をつなげるときは「〜だったら」という願望を表します。

単語で置き換えトレーニング　　　　音読チェック▶ □□□□□

　　ミョン
〜면 たら／れば

シガニ　　　イッス　　　ヨルラッケジュセヨ
시간이 있으~연락해주세요.
時間があ〜連絡してください

コンブハ　　スィウォヨ
공부하~쉬워요.
勉強す〜易しいです

ナルシガ チョウ　　　ソップン　カヨ
날씨가 좋으~소풍 가요.
天気が良け〜ハイキングに行きます

チハチョルロ　カ　　サムシップン　コルリョヨ
지하철로 가~30분 걸려요.
地下鉄で行け〜30分かかります

頻出フレーズ　　　　　　　　　　　音読チェック▶ □□□□□

イ　ヤグル　モグミョン
□ **이 약을 먹으면**
ナウル　コエヨ
나을 거예요.
この薬を飲めばよくなりますよ

＊Ⅱ-ㄹ 거예요は「〜でしょう」という推量の語尾です（p.180「活用リスト」7参照）。

ソンセンニミラミョン　　　　オットッケ
□ **선생님이라면 어떻게**
ハシゲッソヨ
하시겠어요?
先生ならば、どうなさいますか？

＊指定詞이다にⅡ-면をつなげるときは（이）라면の形が多く用いられます。

トニ　　マニ　　イッスミョン　アパトゥルル　　サゴ　シップンデヨ
□ **돈이 많이 있으면 아파트를 사고 싶은데요.**
（お金がたくさんあればマンションを買いたいんですが）

活用 7 理由、原因（第Ⅲ活用）「〜て（なので）」

遅れてすみません。

늦어서 죄송합니다.
ヌジョソ　チェソンハムニダ

☆「〜て／〜で」(なので)のように先行文が後続文の理由や原因を表します。動詞につなげて「〜して」のように先行文と後続文の関連性がある場合は、先行動作を表します
☆ 第Ⅲ活用に서をつなげます。過去形Ⅲ－ㅆや意思形Ⅰ－겠の後にⅢ－서がつながることはありません。

単語で置き換えトレーニング　音読チェック▶□□□□□

〜서 て

컴퓨터가 없어〜 불편해요.
コムピュトガ　オプソ　プルピョネヨ
パソコンがなく〜不便です

어제는 비가 와〜
オジェヌン　ピガ　ワ
시원했어요.
シウォネッソヨ
昨日は雨が降っ〜涼しかったです

지금은 피곤해〜
チグムン　ピゴネ
쉬고 싶은데요.
スィゴ　シップンデヨ
今は疲れてい〜休みたいんですが

일요일도 회사에 가〜
イリョイルド　フェサエ　カ
일해요.
イレヨ
日曜日も会社に行っ〜働きます

頻出フレーズ　音読チェック▶□□□□□

□ 바빠서 못 가요.
パッパソ　モッ　カヨ
忙しくて行けません
＊바쁘다は으語幹なので特殊な活用をします
（바쁘다：p.188「特殊語幹用言」参照）。

□ 여자친구하고 헤어져서 슬퍼요.
ヨジャチングハゴ　ヘオジョソ　スルポヨ
ガールフレンドと別れたので悲しいです
＊슬프다：p.188「特殊語幹用言」参照

活用 8　否定（안＋用言）「〜しない」

第4章 ● 活用編

CD 42

行き**ません**。

<ruby>안<rt>アン</rt></ruby> <ruby>가요<rt>カヨ</rt></ruby>.

☆ 「〜ない／〜くない」という動詞、形容詞の否定文は、用言の前に**안**をつけます。**공부하다**（勉強する）などの**하다**用言のときは**하다**の直前に**안**をつけます。会話では**안**が多く用いられますが、主体の意思を否定する場合、直接的なニュアンスがありますので、丁寧に否定したい場合はⅠ-**지 않다**を用いるといいでしょう。

☆ 存在詞の否定形は基本的には**없다**を使います（p.40「フレーズ編」2参照）。
指定詞の否定形は**아니다**を使います（p.44「フレーズ編」4参照）。

単語で置き換えトレーニング　音読チェック ▶ □□□□□

〜 <ruby>안<rt>アン</rt></ruby> ません

<ruby>비가<rt>ピガ</rt></ruby> 〜<ruby>와요<rt>ワヨ</rt></ruby>.
雨が降り〜

<ruby>집에서<rt>チベソ</rt></ruby> <ruby>공부를<rt>コンブルル</rt></ruby> 〜<ruby>해요<rt>ヘヨ</rt></ruby>.
家で勉強をし〜

<ruby>토요일에는<rt>トヨイレヌン</rt></ruby> <ruby>학교에<rt>ハッキョエ</rt></ruby> 〜<ruby>가요<rt>カヨ</rt></ruby>.
土曜日には学校に行き〜

<ruby>저는<rt>チョヌン</rt></ruby> <ruby>드라마를<rt>ドゥラマルル</rt></ruby> 〜<ruby>봐요<rt>ポァヨ</rt></ruby>.
私はドラマを見〜

頻出フレーズ　音読チェック ▶ □□□□□

□ <ruby>저는<rt>チョヌン</rt></ruby> <ruby>약을<rt>ヤグル</rt></ruby> <ruby>안<rt>アン</rt></ruby> <ruby>먹어요<rt>モゴヨ</rt></ruby>.
私は薬を飲みません

＊お酒やジュースなどは마시다（飲む）を使いますが、薬は먹다（食べる）を使います。

□ <ruby>채식주의자라서<rt>チェシックチュイチャラソ</rt></ruby> <ruby>고기는<rt>コギヌン</rt></ruby> <ruby>먹지<rt>モクチ</rt></ruby> <ruby>않습니다<rt>アンスムニダ</rt></ruby>.
ベジタリアン《菜食主義者》なので肉は食べません

103

活用 9 不可能の助動詞 「〜できない」

飲めません。
モン　マショヨ
못 마셔요.

☆ 못は主体の意思とは関係なく、能力の不足や外的な原因のために、その行為が起こらないことを言います。못（〜できない）は動詞の前につけます。공부하다のような하다動詞の場合は하다の直前に못をつけます。規則的な禁止事項などに関してはⅡ-ㄹ 수 없다（〜することができません）が使われます。못よりも丁寧な表現を使いたいときはⅠ-지 못하다が使われます。

☆ 못の発音の鼻音化に注意しましょう。(p.23「発音の変化」参照)

単語で置き換えトレーニング　　音読チェック▶□□□□□

モッ／モン
못〜　（でき）ません

モゴヨ
〜먹어요.
食べられ〜

ディルゴヨ
〜읽어요.
読め〜

ハングゴヌン　ッテヨ
한국어는〜해요.
韓国語は話せ〜

ッソヨ
〜써요.
使え〜

頻出フレーズ　　音読チェック▶□□□□□

☐ ヨギソヌン　サジヌル　ッチグル　ス
여기서는 사진을 찍을 수
オプスムニダ
없습니다.
ここでは写真を撮ることはできません
＊このような規則的な禁止事項では主にⅡ-ㄹ 수 없다が使われます。

☐ イリ　マナソ　ヨルラッカジ　モッ
일이 많아서 연락하지 못
テッスムニダ
했습니다.
仕事が多くて連絡できませんでした

活用 10 可能の助動詞（第Ⅱ活用）「～することができる」

第4章 ● 活用編

CD 44

使えますか？

ッスル　ス　イッソヨ
쓸 수 있어요?

☆ 活用9で学習した不可能表現の反対で「～できる」という可能表現を勉強します。活用はⅡ-ㄹ 수 있어요.
☆ 習得して可能となった事柄に関しては、Ⅱ-ㄹ 줄 알아요.の文型が使われます。

単語で置き換えトレーニング

音読チェック▶ □□□□□

ル　ス　イッソヨ
～ㄹ 수 있어요. られますか？／できますか？

イリョイル　ヨルトゥシッカジ　ヨギ　オ
일요일 12시 까지 여기 오~
日曜日12時までにここに来～？

チグム　チョナハ
지금 전화하~
今電話～?

イ　コムピュトヌン　ッス
이 컴퓨터는 쓰~
このパソコンは使え～？

メウン　ゴスル　モグ
매운 것을 먹으~
辛いものを食べ～？

頻出フレーズ

音読チェック▶ □□□□□

イボン　イリョイレヌン　スィル　ス　イッソヨ
☐ **이번 일요일에는 쉴 수 있어요.**
今週の日曜日には休めます

ヨルム　パンハゲヌン　クィグッカル　ス　イッソヨ
☐ **여름 방학에는 귀국할 수 있어요?**
夏休みには帰国できますか？

ネイルン　マンナル　ス　イッソヨ
☐ **내일은 만날 수 있어요.**
明日は会えます

チョヌン　ウンジョン　ハルチュル　アラヨ
☐ **저는 운전 할 줄 알아요.**
私は運転できます

練習問題

活用編で学習した公式を使って次の日本語を韓国語に直しましょう。

問題

1 スカートを買いたいんですが。
◆ 치마(スカート)

2 車が欲しいんですが。
◆「欲しい」は「持ちたい」という表現を使います。갖다(持つ)

3 ごはんをたくさん食べます。
◆ 잘(よく)　많이(たくさん)

4 英語上手ですか?
◆ 영어(英語)

5 昨日雨が降りましたか?
◆ 비가 오다(雨が降る)

6 いつ習いましたか?
◆ 배우다(習う)

7 日本の夏は暑いでしょう?
◆ 여름(夏)　덥다(暑い)

正解・解説

1 치마를 사고 싶은데요.

＊Ⅰ-고 싶은데요.のほかにも Ⅰ-고 싶어요.(～したいです)を使ってもかまいません。

2 차를 갖고 싶은데요.

＊直訳では「車を持ちたいんですが」となります。차(車)のほかにも자동차(自動車)と言うこともできます。

3 밥을 잘 먹어요.

＊日常会話で使われる해요体の(Ⅲ-요.)語尾の作り方をしっかりマスターしましょう。(p.82「活用形について」参照)

4 영어 잘 해요？

＊韓国で韓国語を話すと、한국말 잘 하시네요.(韓国語お上手なんですね)という言葉をしばしば耳にするかもしれません。

5 어제 비가 왔어요？

＊過去形の語尾はⅢ-ㅆ어요.(p.82「活用形について」参照)。第Ⅲ活用をしっかりマスターしましょう。

6 언제 배웠어요？

7 일본의 여름은 덥지요？

＊Ⅰ-지요(～でしょう)の語尾は会話で頻繁に耳にしますので覚えて使ってみましょう。

練習問題

問題

8 韓国の冬は寒いでしょう？
◆ 겨울(冬)　춥다(寒い)

9 おぼろ豆腐のチゲは辛いけれど美味しいです。
◆ 순두부찌개(おぼろ豆腐のチゲ)　맵다(辛い)

10 電話したけれど誰も取りません。
◆ 아무도(誰も)　받다(取る)

11 一生懸命勉強すれば簡単です。
◆ 열심히(一生懸命)　공부하다(勉強する)　간단하다(簡単だ)　쉽다(やさしい)

12 おいしければもっと召し上がってください。
◆ 드시다(召し上がってください)

13 風が吹いて涼しいです。
◆ 바람(風)　불다(吹く)

14 デパートに行ってショッピングしました。
◆ 백화점(デパート)　쇼핑하다(ショッピングする)

正解・解説

8 한국의 겨울은 춥지요?

*봄(春)、여름(夏)、가을(秋)、겨울(冬)、사계절(四季)を覚えましょう。

9 순두부찌개는 맵지만 맛있어요.

*Ⅰ-지만(～けれど)：通常逆接の後には反対語の表現がきますが、죄송하지만(すみませんが)や미안하지만(悪いけれど)など慣用的に使われるものはそれに限りません。

10 전화했지만 아무도 안 받아요.

*否定形は用言の前に안をつけます。아무도(誰も)、아무것도(何も)の後には否定形の안や없다が使われます。

11 열심히 공부하면 쉬워요.

*仮定形はⅡ-면。

12 맛있으면 더 드세요.

*더(もっと)を使った表現で、김치 좀 더 주세요(キムチもう少しください)というものがありますが、韓国の食堂ではキムチはおかわり自由ですから、覚えて使ってみましょう。

13 바람이 불어서 시원해요.

*「～て(なので)」という理由を表すときに最も頻繁に使われるのがⅢ-서の文型です。しっかりマスターしましょう。過去形にはつなぐことができません。

14 백화점에 가서 쇼핑했어요.

*Ⅲ-서は、先行文の動作に後続文の動作が続くときにも用いられます。Ⅰ-고の文型のときは先行文と後続文に関連性がありませんので、その違いをしっかり覚えましょう。

練習問題

問題

15 私は肉を食べません。
- 고기(肉) ◆自分の意志で否定しています。

16 私は漫画を見ません。
- 만화(漫画) ◆否定形です。

17 私はキムチを食べられません。
- 不可能表現です。

18 このコンピューター使えません。
- 컴퓨터(コンピューター)
- 쓰다(使う)は―語幹です。p.188「特殊語幹と変格活用用言の活用一覧表」参照

19 明日10時までに会社に来られますか?

20 腸詰食べられますか?
- 순대(韓国風腸詰)

正解・解説

15 저는 고기를 안 먹어요..
 ＊食べられないのではなく、自分の意思で食べないのですから、안を使って否定文を作ります。

16 저는 만화를 안 봐요.
 ＊Ⅰ「～しない」という自分の意志で否定するときには안を用います

17 저는 김치를 못 먹어요.
 ＊「～できない」という何らかの原因によって不可能なときには못を用います。

18 이 컴퓨터 못 써요.
 ＊못＋用言のほかにⅡ-ㄹ 수 없어요.(～することができません)を使うこともできます。

19 내일 열 시까지 회사에 올 수 있어요？
 ＊可能表現はⅡ-ㄹ 수 있어요.(～することができます)を使います。

20 순대 먹을 수 있어요？

覚えておきたい 頻出単語

フレーズ編で出てきた単語や類似の単語をグループごとに集めました。覚えておくと役に立ちますよ (p.90にもあります)。

フレーズ編 1

■음식　食べ物　[ウムシク]

- 고기 (肉) [コギ]
- 쇠고기 (牛肉) [セコギ]
- 돼지고기 (豚肉) [テジコギ]
- 닭고기 (鶏肉) [タッコギ]
- 생선 (魚) [センソン]
- 야채 (野菜) [ヤチェ]
- 양파 (たまねぎ) [ヤンパ]
- 파 (ねぎ) [パ]
- 무 (大根) [ム]
- 배추 (白菜) [ペチュ]
- 오이 (きゅうり) [オイ]
- 호박 (かぼちゃ) [ホバク]
- 콩나물 (もやし) [コンナムル]
- 고구마 (さつまいも) [コグマ]
- 감자 (じゃがいも) [カムジャ]
- 버섯 (きのこ) [ポソッ]
- 고추 (とうがらし) [コチュ]
- 마늘 (にんにく) [マヌル]

■음료수　飲み物　[ウムニョス]

- 쥬스 (ジュース) [ジュス]
- 커피 (コーヒー) [コピ]
- 원두커피 (ドリップコーヒー) [ウォンドゥコピ]
- 홍차 (紅茶) [ホンチャ]
- 녹차 (緑茶) [ノクチャ]
- 보리차 (麦茶) [ポリチャ]
- 옥수수차 (とうもろこし茶) [オクススチャ]
- 우유 (牛乳) [ウユ]
- 전통차 (伝統茶) [チョントンチャ]
- 술 (酒) [スル]
- 맥주 (ビール) [メクチュ]
- 소주 (焼酎) [ソジュ]
- 막걸리 (どぶろく) [マッコリ]
- 위스키 (ウイスキー) [ウィスキ]
- 와인 (ワイン) [ワイン]
- 안주 (つまみ) [アンジュ]

知っておこう

ソウルの水道水はそのまま飲むことはできません。一般家庭でも、生수（ミネラルウォーター）を買って飲むか、水道水を沸かして麦茶やとうもろこし茶を作って水代わりに飲みます。

第 5 章

シーン編

韓国人の友人との会話で、あるいは韓国旅行の際に出会う場面を選び、12のカテゴリーに分けました。それぞれに実際に想定される会話を3シーンずつ紹介しています。CDと一緒に話してみましょう。

シーン別会話

1 あいさつの基本

①あいさつ　②お礼　③別れる

あいさつは人間関係の基本中の基本です。初対面での自己紹介では最もフォーマルな語尾（ニュースなどで使われる「です/ます」の形）である**합니다**体が使われます。用言の語幹末にパッチムがないときは語尾の**다**を取ってから**ㅂ니다.**（肯定文）/**ㅂ니까?**（疑問文）をつなげます。語幹末にパッチムがあるときは**습니다./습니까?**をつなげます。

안녕하십니까?
こんにちは

第5章 ● シーン編

① あいさつ 인사하기

안녕하세요は一日中使える便利なあいさつの言葉です。初めて出会うときだけではなく、ショッピングやレストランでも使えます。男性同士は左手を右腕の下に添えて握手をし、女性は軽く会釈だけをします。

とっておき会話　　　　　　　　　　　　　　CD 45

アンニョンハシムニッカ
A : 안녕하십니까？

アンニョンハセヨ
B : 안녕하세요.

チョウム　ペプケッスムニダ
A : 처음 뵙겠습니다.

マンナソ　パンガプスムニダ
B : 만나서 반갑습니다. （Ⅲ-서：p.102「活用編」7参照）

A : こんにちは。
B : こんにちは。
A : 初めまして。
B : お会いできて嬉しいです。

音読チェック▶ □ □ □ □

頻出フレーズ

アンニョン
□ 안녕.
こんにちは。/さようなら。
＊友達同士で使うあいさつの言葉です。「安寧」という漢字語をハングル表記していますので「元気?」とか「元気でね」という意味があります。

チョヌン　イルボンサラミエヨ
□ 저는 일본사람이에요.
私は日本人です。

イルボネソ　ワッソヨ
□ 일본에서 왔어요.
日本から来ました。

ハングックブニセヨ
□ 한국분이세요？
韓国の方ですか？

②お礼 사례・인사하기

親しい間柄ではお礼をはぶくこともありますが、何か特別にお世話になったときなどはお礼の言葉を添えましょう。とても喜ばれることでしょう。

とっておき会話

CD 46

A：<ruby>지난 번에는<rt>チナンボネヌン</rt></ruby> <ruby>고마웠어요<rt>コマウォッソヨ</rt></ruby>.

B：<ruby>아니에요<rt>アニエヨ</rt></ruby>. <ruby>별 거<rt>ピョル コ</rt></ruby> <ruby>아니에요<rt>アニエヨ</rt></ruby>.
（名詞+가/이 아니다：指定詞の否定形p.44「フレーズ編」4参照）

A：<ruby>덕분에<rt>トクプネ</rt></ruby> <ruby>즐거웠어요<rt>チュルゴウォッソヨ</rt></ruby>.

B：<ruby>별 말씀을요<rt>ピョル マルスムルヨ</rt></ruby>.

A：この間はありがとうございました。
B：いいえ。たいしたことありませんよ。
A：おかげ様で楽しかったです。
B：何をおっしゃいますか。＜「どういたしまして」という意味＞

音読チェック ▶ □ □ □ □

頻出フレーズ

□ <ruby>정말로 감사합니다<rt>チョンマルロ カムサハムニダ</rt></ruby>.
本当にありがとうございます。
＊目上の人に使うお礼の言葉です。

□ <ruby>수고하셨습니다<rt>スゴハショッスムニダ</rt></ruby>.
お疲れ様でした。
＊本来目上の人には使いません。授業の終わりに先生にあいさつするときなどには 감사합니다.(ありがとうございます)を使います。

□ <ruby>고마워<rt>コマウォ</rt></ruby>.
ありがとう。
＊友達同士や目下の者に使う言葉です。고마워요(ありがとうございます)해요体の語尾から요を取ると반말(同等, 目下に使う語尾)になります。

□ <ruby>천만에요<rt>チョンマネヨ</rt></ruby>.
どういたしまして。

③ 別れる 헤어지기

「さようなら」の言葉は안녕히 가세요.（送り出す側）안녕히 계세요.（旅立つ側）と、使う立場によって変わります。また、日常会話では、만나다（会う）の代わりに보다（見る）が多く使われます。

とっておき会話

A：**그럼 또 봐요.**
　クロム　ット　パヨ

B：**네, 연락할게요.** （Ⅱ-ㄹ게요：p.179「語尾活用リスト」3参照）
　ネ、ヨルラッカルケヨ

A：**조심해서 가세요.**
　チョシメソ　カセヨ

B：**네, 안녕히 계세요.**
　ネ、アンニョンヒ　ケセヨ

A：それじゃ、また会おうね。
B：はい、連絡しますね。
A：気をつけて。
B：はい、さようなら。

音読チェック▶ □ □ □ □ □

頻出フレーズ

□ **잘 가요.**
　チャル カヨ
　さようなら。（気をつけてね）
　＊送り出す側が使う親しい人へのあいさつです。友達同士や目下の者には요を取って잘 가を使います。

□ **잘 있어요.**
　チャル イッソヨ
　さようなら。（元気でね）
　＊旅立つ側が使う親しい人へのあいさつです。友達同士や目下の者には잘 있어と、요を取って使います。

□ **안녕히 가십시오.**
　アンニョンヒ　カシプシオ
　안녕히 계십시오.
　アンニョンヒ　ケシプシオ
　さようなら。
　＊フォーマルな語尾です。

□ **먼저 가보겠습니다.**
　モンジョ　カボゲッスムニダ
　お先に失礼いたします。
　＊職場で使えます。

シーン別会話 2

自己紹介　자기소개

①自己紹介をしよう　②友達を紹介する
③相手のことを尋ねる

自己紹介のときにつかう〜**(이)라고 합니다**(〜と申します)です。**김윤정**（韓国人の名前は母音で終わるものとパッチムで終わるものがあり、同姓が多いのでフルネームで紹介します）のように単語の最後にパッチムのある名前には**이라고 합니다**をつなげ、**사토**（日本人の名前は全て母音で終わります）のように名前の最後にパッチムがない名前には**라고 합니다**をつなげます。自己紹介にはフォーマルな**합니다**体が適しています。

처음 뵙겠습니다.
初めまして。

第5章 ● シーン編

①自己紹介をしよう 자기소개를 합시다

自己紹介のときには、名前と職業は言えるようにしておきましょう。韓国の人の名前が聞き取りづらいときは**한자로 어떻게 써요?**(漢字でどう書きますか)と尋ねるか、**여기에 써 주세요.**(ここに書いてください)とお願いすることもできます。

とっておき会話　CD 48

　　　チョウム　　ペプケッスムニダ　　　キムユンジョンイラゴ　　　ハムニダ
A：**처음 뵙겠습니다. 김윤정이라고 합니다.**

　　　チョウム　　ペプケッスムニダ　　　サトイムニダ
B：**처음 뵙겠습니다. 사토입니다.**

　　　チョヌン　　ヒョンジェ　ヨンセテハッキョエ　　　タニゴ　　　イッスムニダ
A：**저는 현재 연세대학교에 다니고 있습니다.**

　　　チョヌン　　コンムウォニムニダ
B：**저는 공무원입니다.**

　　　チャル　プタッカムニダ
A：**잘 부탁합니다.**

A：初めまして。キム・ユンジョンと申します。
B：初めまして。佐藤です。
A：私は現在延世大学に通っています。
B：私は公務員です。
A：よろしくお願いします。

音読チェック▶ □□□□

頻出フレーズ

　　イサンホッシエヨ
□ **이상호씨예요?**
　イ・サンホさんですか?
　＊「さん」は씨を使います。

　　ハングゲヌン　　チョウム　ワッスムニダ
□ **한국에는 처음 왔습니다.**
　韓国には初めて来ました。

　　ハングンマル　　チャラシネヨ
□ **한국말 잘 하시네요.**
　韓国語お上手ですね。
　（I-네요：p.180「語尾活用リスト」6参照）

　　チョヌン　　テハクセンイ　　　アニエヨ
□ **저는 대학생이 아니에요.**
　私は大学生ではありません。

②友達を紹介する 친구를 소개합니다

語学上達のためには友達を作ることはかかせません。積極的に友達を紹介してもらいましょう。友達の紹介で男女交際を始めることを소개팅(ソゲティン)と言います。コンパのことは미팅(ミティン)と言います。

とっておき会話

CD 49

A：안녕하세요. 처음 뵙겠습니다.
　　アンニョンハセヨ　　チョウム　ペプケッスムニダ

B：민우는 고등학교 친구예요.
　　ミヌヌン　コドゥンハッキョ　チングエヨ
　(-이에요/-예요：p.42「フレーズ編」3参照)

C：안녕하세요. 처음 뵙겠습니다.
　　アンニョンハセヨ　　チョウム　ペプケッスムニダ

　저는 타나카라고 합니다.
　チョヌン　タナカラゴ　　ハムニダ

A：앞으로 잘 부탁합니다.
　　アップロ　　チャル プッタッカムニダ

A：こんにちは。初めまして。
B：ミヌは高校(時代)の友達です。
C：こんにちは。初めまして。私は田中と申します。
A：どうぞよろしくお願い致します。

音読チェック▶□□□□

頻出フレーズ

□ 자기소개 해 주세요.
　チャギソゲ　ヘ　ジュセヨ
　自己紹介してください。
　(Ⅲ-주세요：依頼文〜してください)

□ 친구를 소개할게요.
　チングルル　ソゲハルケヨ
　友達を紹介しますね。

□ 고등학교 동창이에요.
　コドゥンハッキョ　ドンチャンイエヨ
　高校の同級生です。

□ 회사 동료예요.
　フェサ　ドンニョエヨ
　会社の同僚です。

第5章 ● シーン 編

③ 相手のことを尋ねる 상대에 관하여 묻다

目上の人には尊敬語を使わなければならないため、初対面の人にも生まれ年（年齢）を尋ねることがあります。また、住所や出身校などのプライバシーを尋ねることもありますし、結婚しているかどうかを聞かれることもありますが驚かないようにしましょう。

とっておき会話　CD 50

A：실례지만 성함이 어떻게 되세요?
（目上の人に対して用いる表現）
シルレジマン　ソンハミ　オットッケ　テセヨ

B：오오이라고 합니다.
オオイラゴ　ハムニダ

A：저는 배상훈이라고 합니다. 가족은 몇 분 계세요?
チョヌン　ペサンフニラゴ　ハムニダ　カジョグン　ミョップン　ケセヨ
（분：사람人의 존경어で「方」）（계시다：居る의 존경형）

B：아버지, 어머니, 남동생이 있어요.
アボジ　オモニ　ナムドンセンイ　イッソヨ
（弟、妹、仲の良い後輩の総称が동생で、妹は여동생、弟は남동생という使い方もします）

A：失礼ですがお名前はなんとおっしゃいますか？
B：大井と申します。
A：私はペ・サンフンと申します。家族は何人いらっしゃいますか？
B：父、母、弟がいます。

音読チェック ▶ □ □ □ □

頻出フレーズ

□ 몇 년생이에요?
ミョン　ニョンセンイエヨ
何年生まれですか？
＊韓国は数え年ですので年齢よりも生まれ年を尋ねます。

□ 고향이 어디예요?
コヒャンイ　オディエヨ
実家（故郷）が＜は＞どこですか？

□ 결혼 하셨어요?
キョロン　ハショッソヨ
結婚していらっしゃいますか？
＊「結婚しましたか？」と過去形で尋ねます。

□ 이름이 뭐예요?
イルミ　ムォエヨ
名前が＜は＞何ですか？

シーン別会話 3

約 束　약속

①友達を誘う　②約束する　③時間に遅れる

最近はほとんどの人がスマホのSNSなどを使って連絡を取り合っていますので約束の場所が分からないということはほとんどありませんが、旅行者にとっては少々ハードルが高いので、だれにでも分かる場所を指定してもらうといいでしょう。ソウルの交通渋滞を考えると、バスやタクシーの遅れは日常茶飯事です。遅れてもそれほど目くじらを立てる人はいませんが、連絡はしておきましょう。

내일 영화 보러 안 갈래요?
明日、映画見に行きませんか？

第5章 ● シーン編

①**友達を誘う** 친구를 권유하다

初めて誘うときには「〜しませんか？」という否定形(p.103「活用編」8参照)を使うといいでしょう。親しくなったらⅠ-자(しようよ)と気軽に誘ってみましょう。

とっておき会話 CD 51

A：^{ネイル} ^{ヨンファ} ^{ポロ} ^{アン} ^{カルレヨ}
　　내일 영화 보러 안 갈래요？
　　(Ⅱ-ㄹ래요：p.179「語尾活用リスト」4参照)

B：^{ムスン} ^{ヨンファエヨ}
　　무슨 영화예요？

A：^{ヨジュム} ^{インキ} ^{インヌン} ^{ヨンファエヨ}
　　요즘 인기 있는 영화예요．

B：^{クレヨ} ^{クロム} ^{ミョッ シエ} ^{マンナルッカヨ}
　　그래요．그럼 몇 시에 만날까요？
　　(Ⅱ-ㄹ까요？：p.178「語尾活用リスト」2参照)

A：明日、映画見に行きませんか？
B：何の映画ですか？
A：最近人気がある映画です。
B：そうですね。それじゃ、何時に会いましょうか？

音読チェック▶□□□□

頻出フレーズ

□ ^{カペエ} ^{カジャ}
　카페에 가자．
　カフェに行こうよ。
　＊勧誘の活用はⅠ-자（〜しよう）。フォーマルな勧誘形はⅡ-ㅂ시다（〜しましょう）

□ ^{シクサハロ} ^{カルレヨ}
　식사하러 갈래요？
　食事しに行きますか？
　＊「〜しに行く」はⅡ-러 가다

□ ^{パム} ^{モグロ} ^{カルレ}
　밥 먹으러 갈래？
　ご飯食べに行こうか？
　＊パッチムㅂの次にㄹが来るとㅂが鼻音化してㅁの音に変わります。

□ ^{スル} ^{ハン ジャン} ^{ハルレヨ}
　술 한 잔 할래요？
　(酒)一杯やりますか？

②約束する 약속하다

　相手の都合を聞きたいときは「時間がありますか?」と尋ねます。都合が悪くて断らなければならない場合は、**미안하지만 못 가요.**（悪いけれど行けません）や、**죄송하지만 시간이 없어요.**（すいませんが時間がありません）と直接断るのが礼儀です（p.100「活用編」5参照）。**일이 있어서 못 가요.**（仕事があって行けません）などと理由をきちんと説明することもできます（p.102「活用編」7参照）。

とっておき会話　CD 52

A：이번 주 토요일에 시간 있어요?
（イボン チュ トヨイレ シガン イッソヨ）

B：괜찮아요.
（クェンチャナヨ）

A：그럼 강남역 6번 출구에서 여섯시에 봐요.
（クロム カンナムヨク ユクポン チュルグエソ ヨソッシエ パヨ）

B：그래요. 그럼 그때 봐요.
（クレヨ クロム クッテ パヨ）

A：今週土曜日時間ありますか?
B：大丈夫です。
A：それじゃカンナム（江南）駅6番出口で6時に会いましょう。
B：そうですね。それじゃその時に会いましょう。

音読チェック▶□□□□□

頻出フレーズ

□ 어디서 만나요?
（オディソ マンナヨ）
どこで会いますか?

□ 학교 정문 앞에서 12시에 봅시다.
（ハッキョ ジョンムン アッペソ ヨルトゥシエ ポプシダ）
学校の正門前で12時に会いましょう。

□ 세 시는 어때요?
（セ シヌン オッテヨ）
3時はどうですか?

□ 카페에서 기다릴게요.
（カペエソ キダリルケヨ）
カフェで待っていますね。

第5章 ● シーン編

③時間に遅れる 시간에 늦어지다

　ソウルの交通渋滞はとても深刻です。ビジネスで絶対に遅れることができないときなどは地下鉄を利用しましょう。ソウルでは地下鉄車内でもスマホが通じますので遅れる場合は通話ではなくショートメッセージやSNSを使ってすぐに連絡が取れます。あいづちの**그래요**(そうです)は「分かりましたよ」という意味も含まれます。

とっておき会話　CD 53

A：<ruby>죄송한데요<rt>チェソンハンデヨ</rt></ruby>. 10<ruby>분<rt>シップン</rt></ruby> <ruby>정도<rt>ジョンド</rt></ruby> <ruby>늦을<rt>ヌジュル</rt></ruby> <ruby>것<rt>コッ</rt></ruby> <ruby>같아요<rt>カッタヨ</rt></ruby>.
(Ⅱ-ㄹ 것 같다：強い推量　～そうです)

B：<ruby>알았어요<rt>アラッソヨ</rt></ruby>. <ruby>기다릴게요<rt>キダリルケヨ</rt></ruby>.

A：<ruby>미안해요<rt>ミアネヨ</rt></ruby>. <ruby>금방<rt>クムバン</rt></ruby> <ruby>갈게요<rt>カルケヨ</rt></ruby>.

B：<ruby>그래요<rt>クレヨ</rt></ruby>.

A：すみませんが、10分くらい遅れそうです。
B：分かりました。待ちますよ。
A：ごめんなさい。すぐに行きますね。
B：そうですね。

音読チェック ▶ □ □ □ □

頻出フレーズ

□ <ruby>늦어서<rt>ヌジョソ</rt></ruby> <ruby>죄송합니다<rt>チェソンハムニダ</rt></ruby>.
遅れてすみません。
＊遅れてしまったときはこの一言を使いましょう。友人同士では**늦어서 미안해**(遅れてごめん)を使います。

□ <ruby>많이<rt>マニ</rt></ruby> <ruby>기다렸어요<rt>キダリョッソヨ</rt></ruby>?
随分待ちましたか？
＊待たせた相手を気遣う表現です。

□ <ruby>조금<rt>チョグム</rt></ruby> <ruby>전에<rt>ジョネ</rt></ruby> <ruby>왔어요<rt>ワッソヨ</rt></ruby>.
ちょっと前に来たところですよ。
＊遅れた相手に配慮する表現です。

□ <ruby>거기서<rt>コギソ</rt></ruby> <ruby>기다려줘<rt>キダリョジョ</rt></ruby>.
そこで待っていてくれ。

125

韓国語作文トレーニング

シーン別会話編1～3で学習したフレーズを使って、次の会話の日本語を韓国語に直しましょう。

問題

1 初めまして。佐藤愛と申します。
◆Ⅱ-(이)라고 합니다.(～と申します)

2 お会いできて嬉しいです。
◆반갑다(嬉しい)

3 今週の金曜日、お時間ありますか？
◆이번주(今週)　금요일(金曜日)　시간(時間)

4 2時に地下鉄新村駅の改札口で会いましょう。
◆두 시(2時＊固有数詞の2둘は助数詞時の前では둘から두に形が変わります)
　지하철(地下鉄)　신촌(新村)　개찰구(改札口)

5 30分くらい遅れそうです。
◆삼십 분(30分＊分の時は漢数詞が使われます)　늦다(遅れる)

6 駅前のカフェで待っていてください。
◆앞(前)　카페(カフェ)　Ⅲ-주세요.(～してください)

第5章 ● シーン 編

回　　答

1 처음 뵙겠습니다. 사토 아이 라고 합니다.

＊日本人の名前は母音で終わりますので이は使わず、名前の後ろにすぐに라고 합니다をつなげますが、韓国人の場合は子音で終わる名前も多いのでその場合は이라고 합니다をつなげます。例：김윤정 이라고 합니다.

2 만나서 반갑습니다.

＊フォーマルな합니다体はかしこまった席や目上の人に使いますが、一般的には親しみを感じさせながらも丁寧語である해요体もよく使われます。반가워요.(p.188特殊語幹と変格活用用言一覧表のㅂ変格用言参照)

3 이번 주 금요일 시간 있어요?

＊다음 주(来週)　월,화,수,목,금,토,일 (月、火、水、木、金、土、日)

4 두 시에 지하철 신촌역 개찰구에서 만납시다.

＊固有数詞の하나(ひとつ)は助数詞の前では한と変化、셋(みっつ)は세と変化、넷(よっつ)は네と変化しますので注意が必要です。
기다리는 곳(待ち合わせ場所)

5 삼십 분 정도 늦을 것 같아요.

＊늦어서 죄송합니다.(遅れてすみません) 늦어서 미안해.(遅れてごめんね)

6 역 앞에 있는 카페에서 기다려 주세요.

＊옆(横)　뒤(後、裏)　기다릴게요.(待ちますね)

127

音読ロールプレイ

覚えてすぐに使える短いフレーズばかりを集めました。
シーンごとのロールプレイを韓国語に直しましょう。

問題

シーン1 別れのあいさつをする

　　　A：お疲れさま。
　　　B：お先に失礼いたします。
　　　A：気を付けて。
　　　　◆조심하다（気を付ける）

シーン2 連絡先を交換する

　　　A：連絡先を教えていただけますか？
　　　　◆연락처（連絡先）
　　　B：いいですよ。
　　　A：ラインかカカオ、ありますか？
　　　　◆라인（ライン）　카카오톡（カカオトーク）

シーン3 食事に誘う

　　　A：今度、食事しに行きませんか？
　　　　◆Ⅱ-러 가다（〜しに行く）
　　　B：駅前に美味しい店がありますよ。
　　　　◆역 앞（駅前）　맛집（美味しい店）
　　　A：いつ、行きますか？
　　　　◆언제（いつ）

回 答

シーン1 헤어질 때 하는 인사말

    A : 수고가 많았습니다.

    B : 가보겠습니다.
        ◆먼저 실례하겠습니다.(こちらのフレーズも使えます)

    A : 조심해서 가십시오.

シーン2 연락처를 교환하기

    A : 연락처 좀 가르쳐 주시겠어요?
        Ⅲ-주시겠어요?(〜していただけますか?)

    B : 좋아요.

    A : 라인이나 카카오톡 있어요?
        ◆핸드폰번호(携帯番号)　이메일(email)

シーン3 밥 먹으러 가자고 권하기

    A : 다음에 식사하러 안 갈래요?
        ◆Ⅱ-러 가다(〜しに行く)
        Ⅱ-ㄹ래요?(自分の意思をはっきり伝えたり、相手の意思を尋ねるときに使う終結語尾)

    B : 역 앞에 맛집이 있어요.

    A : 언제 갑니까?

シーン別会話

4 電 話　전화

① 電話をかける　② 伝言をする
③ 携帯電話番号・メールアドレスを聞く

連音化する発音が多いため、通話中に人の名前や地名、数字を聞き取ることは少し難しいかも知れませんが、**확인할게요.**（確認しますね）と言って自分の口でもう一度確認すると間違いがありません。恋人同士では携帯メールのやり取りも多いようですが、通話を好む人が多いので、ビジネス以外でも用件があればすぐに電話をかけるようです。

여보세요.
もしもし。

第5章 ● シーン編

① 電話をかける 전화를 걸기

携帯電話にかける場合は「〜さんですか?」と尋ねるのが普通ですが、会社や家庭の電話にかける場合は「〜さんいらっしゃいますか?」と尋ねます。日本から国際電話をかける場合は**일본의 〜예요.**「日本の〜です」と付け加えましょう。

とっておき会話　CD 54

A: 여보세요.
  ヨボセヨ

B: 여보세요. 강준기씨세요?
  ヨボセヨ　　　カンジュンギッシセヨ
  (Ⅱ-(이)세요:p.46フレーズ編5参照)

A: 예, 그런데요.
  イエ　クロンデヨ
  (Ⅱ-ㄴ데요:p.185活用リスト参照)

B: 아, 안녕하세요. 무라키예요.
  ア　アンニョンハセヨ　　ムラキエヨ

A: もしもし。
B: もしもし。カン・ジュンギさんでいらっしゃいますか?
A: はい、そうですけど。
B: あ、こんにちは。村木です。

音読チェック ▶ □□□□

頻出フレーズ

□ 미연씨 계세요?
  ミヨンッシ　ケセヨ
  ミヨンさんいらっしゃいますか?

□ 이봉태씨 전화 맞나요?
  イボンテッシ　チョナ　マンナヨ
  イ・ボンテさんの電話で間違いありませんか?(合っていますか?)
  ＊初めて電話をかけるときに電話番号が合っているかどうか確かめる表現です。

□ 잠깐만 기다리세요.
  チャムカンマン　キダリセヨ
  ちょっと待ってくださいね。
  ＊電話のとき以外でも相手を少しだけ待たせるときに使えます。

□ 지금 통화해도 괜찮아요.
  チグム　トンファヘド　ケンチャナヨ
  今、通話しても大丈夫ですか?

131

②伝言をする 전언을 부탁하기

韓国では自分の上司や両親などの目上の人に対しても敬語を使います。伝言を頼むときは必ず저는～라고 하는데요.(私は～と申しますが)と自分の名前を伝えましょう。

とっておき会話 CD55

A：<ruby>안녕하세요<rt>アンニョンハセヨ</rt></ruby>. <ruby>이소원씨<rt>イソウォンッシ</rt></ruby> <ruby>계세요<rt>ケセヨ</rt></ruby>?

B：<ruby>죄송한데<rt>チェソンハンデ</rt></ruby> <ruby>지금<rt>チグム</rt></ruby> <ruby>안<rt>アン</rt></ruby> <ruby>계시는데요<rt>ケシヌンデヨ</rt></ruby>.

<ruby>실례지만<rt>シルレジマン</rt></ruby> <ruby>어디세요<rt>オディセヨ</rt></ruby>? (안：否定形p.103「活用編」8参照)

A：<ruby>하야시라고 하는데요<rt>ハヤシラゴハヌンデヨ</rt></ruby>. <ruby>이소원씨<rt>イソウォンッシ</rt></ruby>

<ruby>오시면<rt>オシミョン</rt></ruby> <ruby>전화 왔었다고<rt>チョナワッソッタゴ</rt></ruby> <ruby>전해<rt>ジョネ</rt></ruby> <ruby>주세요<rt>ジュセヨ</rt></ruby>.
(II-면：p.101「活用編」6参照)(III-ㅆ다고：過去の間接話法～したと)

B：<ruby>예<rt>イエ</rt></ruby>, <ruby>알겠습니다<rt>アルゲッスムニダ</rt></ruby>. (I-겠：p.181 意思形)

A：こんにちは。イ・ソウォンさんいらっしゃいますか？
B：すいませんが今いないのですが。失礼ですがどちら様ですか？
A：林と申します。イ・ソウォンさんが戻られましたら電話が来たとお伝え下さい。
B：はい、分かりました。

音読チェック▶□□□□

頻出フレーズ

□ <ruby>누구세요<rt>ヌグセヨ</rt></ruby>?
どなたですか？

□ <ruby>30분후에 전화해 주세요<rt>サムシップンフエ チョナヘ ジュセヨ</rt></ruby>.
30分後に電話してください。

□ <ruby>다시 전화하겠습니다<rt>タシ チョナハゲッスムニダ</rt></ruby>.
また電話します。

□ <ruby>전화 주세요<rt>チョナ ジュセヨ</rt></ruby>.
電話ください。

第5章 ● シーン 編

③携帯電話番号・メールアドレスを聞く 휴대전화번호・메일주소를 묻기

　IT先進国韓国では多くの人がスマホを使いこなします。メールアドレスの@は골뱅이と発音します。携帯電話は핸드폰(ハンディーフォン)と言います。

とっておき会話　CD 56

　　　　シルレジマン　　　ヘンドゥポン　　ボノ　　チョム　アルリョジュシゲッソヨ
A：실례지만, 핸드폰 번호 좀 알려주시겠어요?
　（I-지만：p.100「活用編」5参照）(Ⅲ-주시겠습니까?：〜してくださいますか?)

　　　××コンエ　　イルイサムサエ　オユクチルパリエヨ
B：××0-1234-5678이에요.

　　コマプスムニダ　　　ホクシ　　イメイルド　　　　イッスセヨ
A：고맙습니다. 혹시 e-메일도 있으세요?

　　チェガ　　ムンチャ　メセジロ　　　　ポネトゥリルケヨ
B：제가 문자 메세지로 보내드릴게요.

A：失礼ですが、携帯電話の番号ちょっと教えていただけますか?
B：××0-1234-5678です。
A：ありがとうございます。ひょっとしてEメールもございますか?
B：私が文字メッセージで送って差し上げます。

音読チェック▶ □□□□

頻出フレーズ

　　オンジェトゥンジ　チョナハセヨ
□ 언제든지 전화하세요.
　いつでも電話してください。

　メイリ　　　ッケジョッソヨ
□ 메일이 깨졌어요.
　メールが文字化けしています。
　＊過去形で表現します。

　　　タプッチャン　ジュセヨ
□ 답장 주세요.
　返事ください。

　ライン　キョファン　アナルレヨ
□ 라인 교환 안할래요?
　ライン交換しませんか?

シーン別会話 5 食 事 식사

①料理について尋ねる　②注文する　③支払う

韓国では、ショーを見ながら食事をとるレストランや、高級店以外はほとんど予約の必要はありません。日本では行列ができる店がたくさんありますが、韓国の人は行列を作ってまで食べるということをあまり好まないようで、お目当ての店が混んでいたらさっさと他の店に入ります。大衆食堂などではお昼の混雑時には相席をすることもあります。

이거 안 매워요?
これ辛くないですか？

第5章 ● シーン 編

①料理について尋ねる 요리에 대해서 묻기

　日本人観光客が頻繁に利用するレストラン以外はハングルのメニューしかないところも多いので、店員に気軽に尋ねてみましょう。辛いものが苦手な人は**안 매운 거 없어요?**(辛くないものがありますか?)と尋ねてみましょう。

とっておき会話

CD 57

A：<ruby>저기<rt>チョギ</rt></ruby>, <ruby>이게<rt>イゲ</rt></ruby> <ruby>무슨<rt>ムスン</rt></ruby> <ruby>음식이에요<rt>ウムシギエヨ</rt></ruby>?
(무슨：p.64「フレーズ編」11参照)

B：<ruby>소고기로<rt>ソコギロ</rt></ruby> <ruby>만든<rt>マンドゥン</rt></ruby> <ruby>찌개예요<rt>ッチゲエヨ</rt></ruby>.
(Ⅱ-ㄴ：動詞の過去連体形　p.188巻末連体形について参照)

A：<ruby>이거<rt>イゴ</rt></ruby> <ruby>안<rt>アン</rt></ruby> <ruby>매워요<rt>メウォヨ</rt></ruby>?

B：<ruby>조금<rt>チョグム</rt></ruby> <ruby>매워요<rt>メウォヨ</rt></ruby>.

A：あの、これは何の食べ物ですか？
B：牛肉で作ったチゲです。
A：これ辛くないですか？
B：少し辛いです。

音読チェック▶ □□□□

頻出フレーズ

□ <ruby>어떻게<rt>オットッケ</rt></ruby> <ruby>먹어요<rt>モゴヨ</rt></ruby>?
どうやって食べるのですか？

□ <ruby>재료가<rt>チェリョガ</rt></ruby> <ruby>뭐예요<rt>ムォエヨ</rt></ruby>?
材料が＜は＞何ですか？

□ <ruby>김치<rt>キムチ</rt></ruby> <ruby>좀<rt>チョムト</rt></ruby> <ruby>더<rt></rt></ruby> <ruby>주세요<rt>ジュセヨ</rt></ruby>.
キムチもう少しください。
＊キムチなどの副菜はおかわり自由ですので、気軽に頼みましょう。

□ <ruby>매워서<rt>メウォソ</rt></ruby> <ruby>못<rt>モン</rt></ruby> <ruby>먹어요<rt>モゴヨ</rt></ruby>.
辛くて食べられません。

② 注文する 주문하기

　店員を呼ぶときは**저기요**か**여기요**を使います。**죄송합니다**(すいません)という表現は謝罪のときだけ使います。また「おまちどうさま」のかわりに**맛있게 드세요.**(美味しく召し上がってください)という言葉を聞くことができます。

とっておき会話　CD 58

A：**저기요.** (チョギヨ)

B：**네.** (ネ)

A：**여기 비빔밥 하나 하고요. 칼국수 둘 주세요.** (ヨギ ピビムパプ ハナ ハゴヨ カルククス トゥル ジュセヨ)

B：**예, 알겠습니다.** (イエ アルゲッスムニダ)

A：すいません。
B：はい。
A：ここ、ビビンパひとつと、カルククス(韓国風うどん)二つください。
B：はい、分かりました。

音読チェック ▶ □ □ □ □

頻出フレーズ

□ **뭐 먹을래요?** (ムォ モグルレヨ)
何食べますか?

□ **비빔밥으로 할게요.** (ピビムパプロ ハルケヨ)
ビビンパにしますね。

□ **냉면으로 하겠습니다.** (ネンミョヌロ ハゲッスムニダ)
冷麺にします。
＊フォーマルな席での表現です。

□ **뭘 먹고 싶어요?** (ムォル モッコ シッポヨ)
何を食べたいですか?

第 5 章 ● シーン編

③ 支払う 지불하기

분식점（大衆食堂）やデパートの식당가（レストラン街）などではレジで支払いをしますが、ホテルなどのレストランでは席で計算をすませます。ショッピングセンターの푸드코트（フードコート）などでは購入時に支払います。

とっておき会話　CD 59

A : <ruby>여기요<rt>ヨギヨ</rt></ruby>. <ruby>계산해<rt>ケサネ</rt></ruby> <ruby>주세요<rt>ジュセヨ</rt></ruby>.

B : <ruby>예<rt>イエ</rt></ruby>, 25,000<ruby>원입니다<rt>イマノチョノニムニダ</rt></ruby>.

A : <ruby>잘<rt>チャル</rt></ruby> <ruby>먹었습니다<rt>モゴッスムニダ</rt></ruby>.

B : <ruby>예<rt>イエ</rt></ruby>, <ruby>감사합니다<rt>カムサハムニダ</rt></ruby>. <ruby>또<rt>ット</rt></ruby> <ruby>오세요<rt>オセヨ</rt></ruby>.

A : すいません。計算してください。
B : はい、25,000ウォンです。
A : ごちそう様でした。
B : はい、ありがとうございます。また来てください。

音読チェック ▶ □ □ □ □

頻出フレーズ

□ **식당가는 몇 층에 있어요?** (シクタンガヌン ミョッチュンエ イッソヨ)
レストラン街は何階にありますか？

□ **공기밥 하나 주세요.** (コンギパプ ハナ ジュセヨ)
ライスひとつ下さい。
＊焼肉店などではライスは別注文です。

□ **앞접시 주세요.** (アプチョプシ ジュセヨ)
取り皿下さい。
＊辞書には無い新しい言葉です。以前は접시（皿、取皿兼用）でした。

□ **제가 사줄게요.** (チェガ サジュルケヨ)
私がおごりますよ。

| シーン別会話 |

6 ショッピング　쇼핑

①試着する　②まけてもらう　③支払う

남대문（南大門）や동대문（東大門）の巨大な시장（市場）は24時間営業していて、見るだけでも丸一日かかってしまうほどです。夜中から明け方にかけては業者の仕入れが殺到する時間帯なので、周辺の포장마차（食べ物屋台）も一晩中にぎわいます。아이쇼핑（ウィンドウショッピング）をしたい場合は좀 봐도 돼요？（ちょっと見てもいいですか？）と一言かけるといいでしょう。

이거 좀 입어봐도 돼요?
これちょっと着てみてもいいですか？

第5章 ● シーン 編

①試着する 시착하기

　デパートには試着室が備えられていますが、売り場がひしめく市場には試着室がないこともあります。また、それほど買う気がない場合はなるべく試着をしないのが韓国式です。

とっておき会話　CD60

A : 저기요. 이거 좀 입어봐도 돼요?
　　チョギヨ　　イゴ　チョム イボバド　トェヨ
（Ⅲ-도：p.183「語尾活用リスト」15参照）

B : 예, 손님 저기서 갈아입으세요.
　　イエ　ソンニム　チョギソ　カライブセヨ

A : 조금 작은 사이즈도 있어요?
　　チョグム チャグン サイジュド　イッソヨ
（Ⅱ-ㄴ：形容詞現在連体形　p.188「連体形について」参照）

B : 예, 잠시만 기다려주십시오.
　　イエ　チャムシマン　キダリョジュシプシオ

A：すいません。これちょっと着てみてもいいですか？
B：はい、お客様　あちらで着替えてください。
A：少し小さいサイズもありますか？
B：はい、少々お待ち下さい。

音読チェック▶ □ □ □ □

頻出フレーズ

□ 이거 보다 큰
　　イゴ　ポダ　クン
　사이즈 있어요?
　サイジュ　イッソヨ
　これより大きいサイズありますか？

□ 다른 가게에서 좀 보고 올게요.
　　タルン　カゲエソ　チョム ポゴ　オルケヨ
　他の店でちょっと見て来ますね。
　＊試着した服が気に入らなかった場合などはこのフレーズを使って店をでます。

□ 다른 색은 없어요?
　　タルン　セグン　オプソヨ
　他の色はありませんか？

□ 새로운 거 있어요?
　　セロウン　ゴ　イッソヨ
　新しいのはありますか？

②まけてもらう 깎아 주길 바랄 때

市場や個人商店などでは値引き交渉を楽しむこともできます。値札がないと返って高くつく場合もありますのでデパートなどで事前に金額を調べてから購入するとお得な買い物ができるかもしれません。

とっておき会話 　CD61

A：이거 얼마예요?
（イゴ　オルマエヨ）
（얼마예요?：p.50「フレーズ編」7参照）

B：30,000원입니다.
（サムマノニムニダ）

A：좀 싸게 해 주시면 안 돼요?
（チョム ッサゲ ヘ ジュシミョン アンドェヨ）

B：그럼 28,000원만 주세요.
（クロム イマンパルチョノンマン ジュセヨ）

A：これいくらですか？
B：30,000ウォンです。
A：ちょっとまけてくれませんか？
B：それじゃ28,000ウォンだけください。

音読チェック▶□□□□

頻出フレーズ

☐ 두개에 30,000원으로 해 주세요.
（トゥゲエ サムマノヌロ ヘ ジュセヨ）
二つで30,000ウォンにしてください。

☐ 좀 비싸네요.
（チョム ピッサネヨ）
少し高いですね。

☐ 좀 깎아 주세요.
（チョム ッカッカ ジュセヨ）
ちょっとまけてください。

☐ 이것보다 싼 건 없어요?
（イゴッポダ ッサン ゴン オプソヨ）
これより安いものはありますか?。

③ 支払う 지불하기

ホテルやデパート、ショッピングセンターのほとんどでクレジットカードが使えます。食料品や日用品の買出しでも現金よりもカードを使う人が増えました。買い物袋（ポリ袋、紙袋）は有料です。

とっておき会話　CD 62

A：이걸로 해 주세요.
（イゴルロ　ヘ　ジュセヨ）

B：네, 감사합니다.
（ネ　カムサハムニダ）

A：비자 카드 쓸 수 있어요?
（ビジャカドゥ　ッスルス　イッソヨ）
（Ⅱ-ㄹ 수 있어요？：p.105「活用編」10参照）

B：네, 됩니다.
（ネ　ドェムニダ）

A：これにしてください。
B：はい、ありがとうございます。
A：ビザカード使えますか？
B：はい使えます。

音読チェック▶□□□□□

頻出フレーズ

□ 영수증 주세요.
（ヨンスジュン　ジュセヨ）
領収証ください。

□ 또 올게요.
（ット　オルケヨ）
また来ますね。

□ 싸인 해 주세요.
（ッサイン　ヘ　ジュセヨ）
サインしてください。

□ 포장지 주세요.
（ポジャンチ　ジュセヨ）
買い物袋（包装紙）ください。

韓国語作文トレーニング

シーン別会話編4~6で学習したフレーズを使って、
次の会話の日本語を韓国語に直しましょう。

問題

1 もしもし。イジュンギさんいらっしゃいますか？
◆存在詞있다(いる)の尊敬語は계시다(いらっしゃる)という動詞

2 スジさんは何時に戻られますか？
◆돌아오다(戻る)の尊敬語は돌아오시다(戻られる/お戻りになる)

3 すみません。生ビールください。
◆「すみません」は謝罪の言葉ではありませんので注意!생맥주(生ビール)

4 キムチのお代わりください。
◆리필(お代わり)

5 これの色違いがありますか？
◆色違いは直訳すると다른색(他の色)

6 カードで支払います。
◆ここでは지불하다(支払う)という動詞ではなく계산하다(計算する)を使います。

第5章 ● シーン編

回　　答

1 여보세요, 이준기씨 계십니까?
　　＊안 계십니다.（おりません）韓国語では自社の上司にも尊敬語を使います。
　　　없습니다.（いません）

2 수지씨는 몇 시에 돌아오세요?
　　＊3 시에 돌아올 거예요.（3時に戻ります）
　　　부장님은 3 시에 돌아오실 겁니다.（部長は3時にお戻りになります）

3 저기요. 생맥주 주세요.
　　＊店員を呼ぶときには여기요.も使えます。日本語で使う죄송합니다.は謝罪の言葉ですので韓国語では使いません。병맥주（瓶ビール）

4 김치 리필 해 주세요.
　　＊김치 좀 더 주세요.（キムチ、もう少しください）も使えます。

5 이거 다른 색 있어요?

6 카드로 계산할께요.
　　＊食事後にお会計を頼む場合は、계산해 주세요.（計算してください）を使います。

音読ロールプレイ

覚えてすぐに使える短いフレーズばかりを集めました。
シーンごとのロールプレイを韓国語に直しましょう。

問題

シーン1 電話で予約をする

A：明日のライブの予約をしたいのですが。
　　◆콘서트　I-고 싶은데요

B：何時がよろしいですか?
　　◆괜찮으세요?

A：午後7時で取れますか?

シーン2 お勧めの店を尋ねる

A：この近所に美味しい店がありますか?
　　◆맛집

B：ホテルの裏に三鶏湯専門店があります。
　　◆삼계탕 전문점(三鶏湯専門店)

A：ありがとうございます。

シーン3 靴を買う

A：モデルの子が履いているパンプスはどれですか?
　　◆펌프스(パンプス)

B：こちらです。

A：可愛い。23.5センチありますか?
　　◆日本の23.5センチは韓国では235と表記します。

回答

シーン1 전화로 예약 하기

A : 내일 콘서트 예약하고 싶은데요.
   ◆I-고 싶은데요(〜したいのですが)は頻出フレーズです。

B : 몇 시가 괜찮으세요?
   ◆좋으세요? (よろしいですか?)も使えます。

A : 오후 7시로 잡을 수 있을까요?
   ◆一番簡単なフレーズは있어요?(ありますか?)です。

シーン2 추천 받은 가게를 방문하기

A : 이 근처에 맛집 있어요?
B : 호텔 뒤쪽에 삼계탕 전문점이 있습니다.
A : 감사합니다.

シーン3 신발 사기

A : 모델인 아이가 신고 있는 펌프스는 어느 것이에요?
   ◆「モデルの子」のように名詞で名詞を修飾したい場合は인を使います。
    I-고 있는+名詞(〜している+名詞)

B : 이것입니다.
A : 귀엽다. 사이즈 235 있어요?
   ◆이백삼십오と、漢数詞で答えます。

| シーン別会話 | **7** | # 空港・機内　공항・기내 |

①機内で注文する　②税関検査
③空港でチェックインする

入国審査や税関検査では、何を聞かれるのかと緊張しますが、実は特に尋ねられることはありません。入国カードに韓国語で記入をしてみるとか、こちらから**안녕하세요.**（こんにちは）と元気に声をかけると、**한국말 해요?**（韓国語話すのですか?）などと答えてくれることもあります。**조금 해요.**（少し話します）とか、**인사만**（あいさつだけ）などと答えてみましょう。

여기요. 물 좀 주세요.
すみません。水ください。

第5章 ● シーン 編

①機内で注文する 기내에서 주문하기

　短い時間のフライトですが、飛行機の中では是非韓国語を使ってみましょう。客室乗務員が음료수는 뭘 드시겠습니까?(飲み物は何を召し上がりますか?)と尋ねられたら맥주 주세요.(ビールください)とだけ伝えれば通じます。

とっておき会話　CD 63

　　　ヨギヨ　　　　　ムル　チョム　ジュセヨ
A：여기요. 물 좀 주세요.
（주세요 : p.48「フレーズ編」6参照）

　　　ネ、　タルン　　ゴスン　　ピリョ　　オプスセヨ
B：네, 다른 것은 필요 없으세요?

　　　タムニョド　　ハン ジャン カッタ　ジュセヨ
A：담요도 한 장 갖다 주세요.

　　　ネ、　アルゲッスムニダ　　チャムシマン　キダリョ　　ジュセヨ
B：네, 알겠습니다. 잠시만 기다려 주세요.

A：すいません。水ください。
B：はい、他のものは必要ありませんか?
A：毛布も一枚持ってきてください。
B：はい、わかりました。少々お待ちください。

音読チェック▶□□□□

頻出フレーズ

　　イルボン　シンムン　イッソヨ
□ 일본 신문 있어요?
日本の新聞ありますか?

　　ミョンセプムル　サゴ　シップンデヨ
□ 면세품을 사고 싶은데요.
免税品を買いたいのですが。

　　イプクク　カドゥ　ジュセヨ
□ 입국 카드 주세요.
入国カードください。

　　ワイン　イッソヨ
□ 와인 있어요?
ワインありますか?

②税関検査 세관 검사

大きな荷物などを持っていない限りは特に引き止められることもありませんが、最近ではテロ防止のため細かくチェックされることもあるようです。

とっておき会話　CD64

A：<ruby>신고할<rt>シンゴハル</rt></ruby> <ruby>물건은<rt>ムルゴヌン</rt></ruby> <ruby>있으세요<rt>イッスセヨ</rt></ruby>？
（Ⅱ-ㄹ：未来連体形　p.189「連体形について」参照）

B：<ruby>아니요<rt>アニヨ</rt></ruby>．<ruby>없어요<rt>オプソヨ</rt></ruby>．

A：<ruby>가방<rt>カバン</rt></ruby> <ruby>좀<rt>チョム</rt></ruby> <ruby>열어<rt>ヨラ</rt></ruby> <ruby>주세요<rt>ジュセヨ</rt></ruby>．<ruby>이건<rt>イゴン</rt></ruby> <ruby>뭐예요<rt>ムォエヨ</rt></ruby>？
（이건：p.48「フレーズ編」6参照）（뭐예요？：p.54「フレーズ編」9参照）

B：<ruby>전자사전이에요<rt>ジョンジャサジョニエヨ</rt></ruby>．

A：申告するものはありますか？
B：いいえ、ありません。
A：鞄をちょっと開けてください。これは何ですか？
B：電子辞書です。

音読チェック▶□□□□

頻出フレーズ

□ <ruby>이건<rt>イゴン</rt></ruby> <ruby>선물이에요<rt>ソンムリエヨ</rt></ruby>．
これはお土産です。

□ <ruby>현금은<rt>ヒョングムン</rt></ruby> 50,000<ruby>엔<rt>エン</rt></ruby> <ruby>밖에<rt>パッケ</rt></ruby> <ruby>없어요<rt>オプソヨ</rt></ruby>
現金は5万円しかありません。

□ <ruby>위스키<rt>ウィスキ</rt></ruby> <ruby>한<rt>ハン</rt></ruby> <ruby>병이에요<rt>ピョンイエヨ</rt></ruby>．
ウイスキー1本です。

□ <ruby>이것은<rt>イゴスン</rt></ruby> <ruby>신고<rt>シンゴ</rt></ruby> <ruby>해야<rt>ヘヤ</rt></ruby> <ruby>돼요<rt>デヨ</rt></ruby>？
これは申告しなければなりませんか？

第5章 ● シーン編

③ 空港でチェックインする 공항에서 체크인 하기

창가쪽(窓側)과 통로쪽(通路側)의 석을 지정하는 것도 있습니다. 또, 탑승시간이 변경되는 경우도 많으니, 체크인 카운터 직원의 지시를 빠뜨리지 않도록 합시다.

とっておき会話　CD 65

A : 여권하고 비행기 티켓 보여 주세요.
B : 네, 여기 있어요.
A : 수하물은 여기에 올려 주세요.
　　이것 밖에 없어요?
B : 네, 이것 만이에요.

A : パスポートと飛行機のチケットを見せてください。
B : はい、ここにあります。
A : 預け入れ荷物はここに乗せてください。これだけですか？
B : はい、これだけです。

音読チェック ▶ □□□□

頻出フレーズ

□ 통로쪽 좌석으로 해 주세요.
通路側の席にしてください。

□ 기내에 가지고 들어갈 거예요.
機内に持ち込みます。

□ 카메라 맡길 수 있을까요?
カメラを預けることはできますか？

シーン別会話 8

ホテル　호텔

①チェックイン　②サービスを頼む　③レストラン

日本からあらかじめホテルを予約することもできますが、宿代を安くあげたい場合や、街の雰囲気を知りたい場合などは、現地の人々が利用するビジネスホテル風の**여관**（旅館）に宿泊すると、また違った楽しみを味わえるでしょう。その場合は飛び込みで「部屋がありますか？」と尋ねます。地域によって金額差はありますが、だいたい同地域で一律料金です。

방 있어요?
部屋ありますか？

第5章 ● シーン 編

①チェックイン 체크인

当日飛込みで宿を決めるときの会話です。一人ずつの金額ではなく、一部屋ずつの金額が決まっています。

とっておき会話　　　　　　　　　　　　　CD 66

　　　パン　イッソヨ
A：방 있어요?

　　　ネ、　　ミョッ プニセヨ
B：네, 몇 분이세요?

　　　トゥ サラミヨ
A：두 사람이요.
（두-둘：p.178「フレーズ編」8参照）

　　　トゥウィンルミ　　　イッコヨ　　　ハルエ　　　　チルマノニムニダ
B：트윈룸이 있고요. 하루에 70,000원입니다.

　　　ネ、　クゴルロ　　ジュセヨ
A：네, 그걸로 주세요.

A：部屋ありますか？
B：はい、何名様ですか？
A：二人です。
B：ツインルームがありまして。一日70,000ウォンです。
A：はい、それでお願いします。

音読チェック▶ □ □ □ □

頻出フレーズ

　　ホテル　ィエヤッカゴ　　シップンデヨ
□ 호텔 예약하고 싶은데요.
　ホテルを　予約したいのですが。

　　スウィトゥルムン　　　オルマエヨ
□ 스위트룸은 얼마예요?
　スイートルームはいくらですか？

　　シ　ボイルプット　　　イバク　ハル
□ 십 오일부터 이박 할
　　コンデヨ
　건데요.
　15日から2泊するつもりなのですが。

②サービスを頼む 서비스를 부탁하기

ホテルのフロントは旅の強い味方です。トラブル処理や、ホテル周辺のちょっとした情報などもフロント係から聞くことができます。韓国のホテルは資源節約のため歯ブラシが置いていないところも多いので持参するか、**편의점**(コンビニ)で購入しましょう。

とっておき会話　CD 67

A: プロントウイムニダ
프론트입니다.

B: ヨギ　チッソリ　オムヌンデヨ
여기 칫솔이 없는데요.
(I-는데요 : p.186「語尾活用リスト」22参照)

A: チッソルン　チョノニンデ　トゥリルッカヨ
칫솔은 천원인데 드릴까요?
(II-ㄴ데요 : p.185「語尾活用リスト」21参照)

B: ネ　ジュセヨ
네, 주세요.

A: フロントです。
B: ここに歯ブラシがないんですが。
A: 歯ブラシは1,000ウォンですがお持ちしましょうか？
B: はい、ください。

音読チェック ▶ □□□□

頻出フレーズ

□ ルム　ッソビス　ブッタクカムニダ
룸 써비스 부탁합니다.
ルームサービスお願いします。

□ タリミ　チョム　ピルリョ　ジュセヨ
다리미 좀 빌려 주세요.
アイロンを貸してください。

□ コピ　カッタ　ジュセヨ
커피 갖다 주세요.
コーヒーを持ってきてください。

□ カスブキ　イッソヨ
가습기 있어요?
加湿器ありますか？

第5章 ● シーン 編

③ レストラン レストラン

街の人気レストランやホテルのレストランなどでは係の人が案内してくれますが、街の大衆的な食堂では好きなところに座ることができます。

とっておき会話 CD 68

A : 어서오세요. 몇 분이세요?
　　オソオセヨ　　　ミョッ プニセヨ

B : 네, 세 명이에요.
　　ネ　セ　ミョンイエヨ

A : 금연석으로 드릴까요?
　　クミョンソグロ　トゥリルッカヨ

　　흡연석으로 드릴까요?
　　フビョンソグロ　トゥリルッカヨ

B : 금연석으로 주세요.
　　クミョンソグロ　ジュセヨ

A : いらっしゃいませ。何名様ですか？
B : はい、3人です。
A : 禁煙席にいたしますか？喫煙席にいたしますか？
B : 禁煙席にしてください。

音読チェック▶□□□□

頻出フレーズ

□ 창가 쪽 좌석 있어요?
　 チャンガ ッチョク チャソク イッソヨ
　 窓際の席はありますか？

□ 오늘밤 네 명 예약하고
　 オヌルパム ネ ミョン イェヤッカゴ
　 싶은데요.
　 シップンデヨ
　 今晩4名で予約したいのですが。
　 (Ⅰ-고 싶은데요 : p.96「活用編」1参照)

□ 여덟 시에 예약하고
　 ヨドル シエ イエヤッカゴ
　 싶은데요.
　 シップンデヨ
　 8時に予約したいのですが。

□ 야경이 보이는 좌석이
　 ヤギョンイ ポイヌン チャソギ
　 좋은데요.
　 チョウンデヨ
　 夜景が見える座席が良いのですが。

シーン別会話 9 　観　光　관광

①道を聞く　②切符を買う　③写真を撮ってもらう

旅行中は道に迷うこともあります。外国語で道を尋ねるのは勇気がいりますが、韓国の人はためらわずに道を尋ねます。勇気をもって近くを歩いている人に声をかければ親切に教えてくれます。一番簡単な言い方は **〜는 어디예요?**（〜はどこですか？）(p.66「フレーズ編」12参照)、**〜에 가고 싶은데요.**（〜に行きたいのですが）(p.96「活用編」1参照)

第5章 ● シーン編

①道を聞く 길을 묻기

　タクシーに乗ったときは行き先の名称と住所を書いた紙を見せるといいでしょう。地下鉄は比較的乗りこなすのが簡単ですが、バスは路線が複雑なので旅行者は乗らないほうがいいかもしれません。

とっておき会話　CD 69

A：<ruby>죄송한데요<rt>チェソンハンデヨ</rt></ruby>. <ruby>서울역에<rt>ソウルヨゲ</rt></ruby> <ruby>어떻게<rt>オットッケ</rt></ruby> <ruby>가요<rt>カヨ</rt></ruby>?
（어떻게：p.78「フレーズ編」18参照）

B：<ruby>저기<rt>チョギ</rt></ruby> <ruby>보이는<rt>ポイヌン</rt></ruby> <ruby>지하철에서<rt>チハチョレソ</rt></ruby> <ruby>서울역<rt>ソウルヨク</rt></ruby> <ruby>방향으로<rt>パンヒャンウロ</rt></ruby>
<ruby>4호선을<rt>サホソヌル</rt></ruby> <ruby>타세요<rt>タセヨ</rt></ruby>.

A：<ruby>몇 분<rt>ミョップン</rt></ruby> <ruby>정도<rt>ジョンド</rt></ruby> <ruby>걸려요<rt>コルリョヨ</rt></ruby>?

B：<ruby>십 분<rt>シップン</rt></ruby> <ruby>정도<rt>ジョンド</rt></ruby> <ruby>걸려요<rt>コルリョヨ</rt></ruby>.

A：すいませんがソウル駅にはどうやって行くのですか？
B：あそこに見える地下鉄で、ソウル駅方向に4号線に乗ってください。
A：何分くらいかかりますか？
B：10分くらいかかります。

音読チェック▶ □□□□

頻出フレーズ

☐ <ruby>신라호텔에<rt>シルラホテレ</rt></ruby> <ruby>가고<rt>カゴ</rt></ruby> <ruby>싶은데요<rt>シップンデヨ</rt></ruby>.
新羅ホテルに行きたいんですが。

☐ <ruby>걸어서<rt>コロソ</rt></ruby> <ruby>갈 수<rt>カルス</rt></ruby> <ruby>있나요<rt>インナヨ</rt></ruby>?
歩いて行けますか？

☐ <ruby>택시는<rt>テクシヌン</rt></ruby> <ruby>어디에서<rt>オディエソ</rt></ruby> <ruby>타야 돼요<rt>タヤドェヨ</rt></ruby>?
タクシーはどこで拾えますか？
＊本来はⅢ-야 되다「〜しなければならない」という意味ですが、会話の中でこのように使うこともあります。注意：直訳すると「どこで乗らなければなりませんか？」

②切符を買う 표를 사기

　ソウル市内の地下鉄駅はIT化が進み無人駅が増えました。券売機매표서(券売所)には韓国語のほかに英語の表記もあります。日本とほぼ同じでカードに金額をチャージする方式で、返却機でカードを返却すればカード代金が戻りますので旅行者にも便利です。

とっておき会話

CD 70

　　　　オソオセヨ　　　　ミョップニセヨ
A：어서오세요. 몇 분이세요?

　　　オルン　ハン ミョン,　アイ　トゥ ミョンイヨ
B：어른 한 명, 아이 두명이요.
（【이】요：p.178「語尾活用リスト」1参照）

　　　イルボノ　　パムプルレッ　インナヨ
B：일본어 팜플렛 있나요?
（I-나요?：p.181「語尾活用リスト」9参照）

　　　チェソンハムニダ　　　オプスムニダ
A：죄송합니다. 없습니다.

A：いらっしゃいませ。何名様ですか?
B：大人一人、子供二人です。
B：日本語のパンフレットありますか?
A：すいません。ありません。

音読チェック▶ □□□□

頻出フレーズ

　　トゥ ジャンイヨ
□ 두 장이요.
二枚です。

　　キョンジュッカジ　ハン ジャン ジュセヨ
□ 경주까지 한 장 주세요.
慶州まで一枚ください。

　　ボスッピョ オディエソ　パラヨ
□ 버스표 어디에서 팔아요?
バスの切符はどこで売っていますか?(売り場はどこですか?)

　　オディソ　　カラタミョン　　トゥェヨ
□ 어디서 갈아타면 돼요?
どこで乗り換えればいいですか?

第 5 章 ● シーン 編

③写真を撮ってもらう 사진을 찍어주길 바랄 때

旅の思い出を写真に収めるのも楽しみの一つです。知らない人や建物を取るときなどは**사진 찍어도 돼요?**（写真撮ってもいいですか？）と事前に了解をとるといいでしょう。

とっておき会話 CD 71

A：<ruby>죄송한데요<rt>チェソンハンデヨ</rt></ruby>. <ruby>사진<rt>サジン</rt></ruby> <ruby>좀<rt>チョム</rt></ruby> <ruby>찍어<rt>ッチゴ</rt></ruby> <ruby>주세요<rt>ジュセヨ</rt></ruby>.

B：<ruby>아<rt>ア</rt></ruby>, <ruby>예<rt>イエ</rt></ruby>.

A：<ruby>여기<rt>ヨギ</rt></ruby> <ruby>셔터를<rt>ショットルル</rt></ruby> <ruby>누르시면<rt>ヌルシミョン</rt></ruby> <ruby>돼요<rt>ドェヨ</rt></ruby>.
（II-면：仮定形　p.101「活用編」6参照）

B：<ruby>찍습니다<rt>ッチクスムニダ</rt></ruby>. <ruby>하나<rt>ハナ</rt></ruby> <ruby>둘<rt>トゥル</rt></ruby> <ruby>셋<rt>セッ</rt></ruby>！
（固有数詞：p.52「フレーズ編」8参照）

A：<ruby>감사합니다<rt>カムサハムニダ</rt></ruby>.

A：すいませんが写真撮ってもらえますか？
B：あ、はい。
A：ここのシャッターを押してください。
B：撮ります。いち、に、さん！
A：ありがとうございます。

音読チェック ▶ □□□□□

頻出フレーズ

☐ <ruby>같이<rt>カッチ</rt></ruby> <ruby>사진<rt>サジン</rt></ruby> <ruby>찍어도<rt>ッチゴド</rt></ruby> <ruby>될까요<rt>トェルッカヨ</rt></ruby>?
一緒に写真を撮ってもいいでしょうか？

☐ <ruby>사진<rt>サジン</rt></ruby> <ruby>찍어드릴게요<rt>ッチゴトゥリルケヨ</rt></ruby>.
写真撮って差し上げますよ。

☐ <ruby>여기는<rt>ヨギヌン</rt></ruby> <ruby>촬영금지예요<rt>チャリョンクムチエヨ</rt></ruby>.
ここは撮影禁止です。

☐ <ruby>찍은<rt>ッチグン</rt></ruby> <ruby>사진<rt>サジン</rt></ruby> <ruby>저에게<rt>チョエゲ</rt></ruby> <ruby>보내주세요<rt>ポネジュセヨ</rt></ruby>.
撮った写真私に送ってください。

韓国語作文トレーニング

シーン別会話編7～9で学習したフレーズを使って、次の会話の日本語を韓国語に直しましょう。

問題

1 通路側の席がありますか?
◆통로쪽(通路側)

2 日本の新聞はありますか?
◆일본 신문(日本の新聞)

3 朝食は何時からですか?

4 タクシーを呼んでもらえますか?
◆불러 주시다(呼んでもらう)

5 江南駅に行きたいのですが、どうやって行けばいいですか?
◆강남역(江南駅)

6 何番線に乗り換えればいいですか?
◆갈아타다(乗り換える)

回 答

1 통로쪽 좌석 있어요?
　＊창쪽(窓側)

2 일본 신문 있어요?
　＊스포츠신문(スポーツ新聞)

3 아침은 몇 시부터 입니까?
　＊時間：부터(から)까지(まで)

4 택시 불러 주실래요?
　＊Ⅱ-ㄹ래요?(～してもらえますか?)

5 강남역에 가고 싶은데요, 어떻게 가면 좋을까요?
　＊Ⅰ-고 싶은데요.(～したいのですが)　Ⅱ-ㄹ까요?(～でしょうか?)

6 몇 번선으로 갈아타면 됩니까?
　＊Ⅱ-면 되다(～すればよい)

音読ロールプレイ

覚えてすぐに使える短いフレーズばかりを集めました。
シーンごとのロールプレイを韓国語に直しましょう。

問題

シーン1 免税品を受け取る

　　A：免税品の受け取り窓口はどこですか？
　　　　◆면세품（免税品）　창구（窓口）
　　B：左手にございます。
　　　　◆왼쪽（左側）
　　A：ありがとうございます。

シーン2 レストランの予約

　　A：レストランの予約をお願いします。
　　　　◆예약（予約）
　　B：何時から、何名様ですか？
　　　　◆몇 분（何名様）
　　A：午後6時から3名です。

シーン3 切符を買う

　　A：切符の買い方が分からないのですが。
　　　　◆방법（方法）
　　B：あそこに係員がいます。尋ねてみてください。
　　　　◆저쪽（あちら側）　담당자（担当者）
　　A：ありがとうございます。

回　答

シーン1　**면세품을 받기**

　　A : 면세품을 받는 창구는 어디입니까?
　　B : 왼쪽에 있습니다.
　　　　◆오른쪽(右側)
　　A : 감사합니다.

シーン2　**레스토랑 예약하기**

　　A : 레스토랑 예약을 부탁드립니다.
　　　　◆(お願いいたします)(お願いします)
　　B : 몇 시부터, 몇 분이십니까?
　　　　◆분(かた : 名や人の尊敬語)　사람(人)
　　A : 오후 6시부터 3명입니다.
　　　　◆명(名)

シーン3　**표를 사기**

　　A : 표 사는 방법을 모르겠어요
　　　　◆I-는 방법(〜する方法)모르겠어요(分かりません)
　　B : 저쪽에 담당자가 있습니다. 물어 보세요.
　　　　◆물어 보세요.直訳すると(尋ねてみてください)
　　A : 감사합니다.

シーン別会話 10 トラブル　트러블

①荷物がない　②盗難を警察に届ける
③ホテルの部屋のトラブル

トラブルが起きてしまったときは、冷静に状況を把握してトラブルの内容をきちんと申告できるようにしましょう。物を紛失してしまったときには、**가/이 없어졌어요.**（〜が無くなりました）とか、**를/을 잃어버렸어요.**（〜を無くしてしまいました）などのフレーズを覚えておくと便利です。**무엇을/뭘**（何を）**어디서**（どこで）**몇 시에**（何時に）無くしたのかを覚えておきましょう。

第5章 ● シーン 編

①荷物がない 짐을 잃어버렸을 때

　空港の手荷物受け取り所で自分の荷物を探せないこともありますし、他の人が間違って持って行ってしまうこともあります。

とっておき会話

CD 72

A：<ruby>저기요<rt>チョギヨ</rt></ruby>. <ruby>짐을<rt>チムル</rt></ruby> <ruby>잃어버렸는데요<rt>イロボリョンヌンデヨ</rt></ruby>.
（I- 는데요：p.186「語尾活用リスト」22参照）

B：<ruby>어디서<rt>オディソ</rt></ruby> <ruby>잃어버리셨어요<rt>イロボリショッソヨ</rt></ruby>？

A：<ruby>공항 입구에서<rt>コンハンイプクエソ</rt></ruby> <ruby>잃어버린<rt>イロボリン</rt></ruby> <ruby>것<rt>ゴッ</rt></ruby> <ruby>같아요<rt>カッタヨ</rt></ruby>.

B：<ruby>그럼<rt>クロム</rt></ruby> <ruby>먼저<rt>モンジョ</rt></ruby> <ruby>분실물<rt>プンシルムル</rt></ruby> <ruby>센터에<rt>セントエ</rt></ruby> <ruby>신고하세요<rt>シンゴハセヨ</rt></ruby>.

A：すみません。荷物をなくしてしまったのですが。
B：どこでなくされましたか？
A：空港の入り口でなくしたみたいです。
B：それじゃまず紛失物センターに申告してください。

音読チェック▶ □ □ □ □

頻出フレーズ

□ <ruby>짐이<rt>チミ</rt></ruby> <ruby>안<rt>アン</rt></ruby> <ruby>나오는데요<rt>ナオヌンデヨ</rt></ruby>.
荷物が出てこないのですが。

□ <ruby>짐을<rt>チムル</rt></ruby> <ruby>찾을 수<rt>チャジュルス</rt></ruby> <ruby>없어요<rt>オプソヨ</rt></ruby>.
荷物が見つかりません。

□ <ruby>수화물 교환증입니다<rt>スファムルキョファンジュンイムニダ</rt></ruby>.
手荷物引換証です。

□ <ruby>가방이<rt>カバンイ</rt></ruby> <ruby>없어졌어요<rt>オプソジョッソヨ</rt></ruby>.
カバンがなくなってしまいました。

②盗難を警察に届ける 도난 신고하기

雑踏の中や、ホテルの部屋の中で持ち物を盗まれてしまったときはすぐに警察に通報しましょう。デパートの手荷物預かり所で荷物がなくなることもありますので注意が必要です。

とっておき会話

CD 73

<small>チガブル　トドゥク　マジャンヌンデヨ</small>
A：지갑을 도둑 맞았는데요.

<small>オディソ　トドゥク　マジュショッソヨ</small>
B：어디서 도둑 맞으셨어요?
（어디：p.66「フレーズ編」12参照）

<small>ペッカジョメソ　　　　トドゥク　マジュンゴッ　カッタヨ</small>
A：백화점에서 도둑 맞은 것 같아요.
（Ⅱ-ㄴ 것 같아요：〜たみたいです　p.189「過去連体形」参照）

<small>モンジョ　ヨギ　トナン　シンゴソルル　　ッソジュセヨ</small>
B：먼저 여기 도난 신고서를 써주세요.

A：財布を盗まれたのですが。
B：どこで盗まれましたか?
A：デパートで盗まれたみたいです。
B：まずここに盗難申告書を書いてください。

音読チェック▶□□□□□

頻出フレーズ

<small>ヨックォヌル　イロボリョッソヨ</small>
□ 여권을 잃어버렸어요.
パスポートを失くしました。

<small>イルボンテサグヮネ　チョナ　ヘ　ジュセヨ</small>
□ 일본대사관에 전화 해 주세요.
日本大使館に電話してください。

<small>シニョンカドゥフェサ</small>
□ 신용카드회사
<small>チョナボノルル　　アルゴシップンデヨ</small>
전화번호를 알고 싶은데요.
クレジット（信用）カード会社の連絡先を知りたいのですが。

164

第5章 ● シーン編

③ホテルの部屋のトラブル 호텔 방에서 트러블이 생겼을 때

部屋の中でのトラブルはたいていの場合はフロントに電話をかければすぐに解決してくれます。状況がひどい場合は**방을 바꿔 주세요.**（部屋を換えてください）と申し出ましょう。

とっておき会話　CD 74

A：프론트입니다.
　　プロントウイムニダ

B：여기 1005호실인데요……
　　ヨギ　　　　チョノシリンデヨ

　따뜻한 물이 안 나와요.
　ッタットゥッタンムリ　アンナワヨ
　（Ⅱ-ㄴ：温かい水＝お湯　形容詞現在連体形 p.188「連体形について」参照）

A：금방 올라가겠습니다. 잠시만 기다려 주세요.
　　クムバン　オルラカゲッスムニダ　　チャムシマン　キダリョジュセヨ

B：네.
　　ネ

A：フロントです。
B：ここ1005号室なのですが……お湯が出ません。
A：すぐにお伺いします。少々お待ちください。
B：はい。

音読チェック▶ □□□□

頻出フレーズ

□ 카드키를 잃어버렸어요.
　　カドゥキルル　イロボリョッソヨ
　カードキーを亡くしてしまいました。

□ 금고가 고장났어요.
　　クムゴガ　コジャンナッソヨ
　金庫が壊れています。

□ 옆 방이 시끄러운데요.
　　ヨプ　バンイ　シックロウンデヨ
　隣の部屋がうるさいのですが。
　（시끄럽다：うるさい　ㅂ変格活用
　p.188「変格活用用言」参照）

□ 타월을 바꿔 주세요.
　　タウォルル　バックォ　ジュセヨ
　タオルを換えてください。

シーン別会話 11 病院 병원

①具合が悪い　②薬局に行く　③歯医者に行く

慣れない土地での緊張や、食事の変化で体調を崩すこともあります。現地の人々は少々の風邪や頭痛ならば薬局の薬を飲んで治してしまいますが、病院の治療費も風邪や腹痛ならばそれほど高額ではありません。すぐに見てもらうほうが安心かもしれません。**감기**（風邪）の症状である**기침**（咳）や**두통**（頭痛）などはきちんと伝えられるようにしておきましょう

第5章 ● シーン編

①具合が悪い 건강 상태가 좋지 않을 때

いざというときのために頻出フレーズの表現を覚えておきましょう。

とっておき会話　CD 75

　　　オディガ　　　アップセヨ
A：어디가 아프세요?
　（Ⅱ-시：尊敬形　p.181「語尾活用リスト」11参照）

　　　モリガ　　アップゴ　　ソギ　アンチョアヨ
B：머리가 아프고 속이 안 좋아요.
　（Ⅰ-고：並列　p.183「語尾活用リスト」14参照）

　　　オンジェプト　　　アップセヨ
A：언제부터 아프세요?

　　　オジェッパム　プトヨ
B：어젯밤 부터요.

A：どこがお悪いのですか?
B：頭が痛くて胃もむかむかします。
A：いつから具合が悪いのですか?
B：昨日の夜からです。

音読チェック▶ □□□□

頻出フレーズ

　ペガ　アッパヨ　　ソルサルル ヘッソヨ
☐ 배가 아파요. 설사를 했어요.
　お腹が痛いです。下痢をしました。

　（아프다：痛い p.188「特殊語幹用言」
　参照）

　ヨリ　　イッソヨ
☐ 열이 있어요.
　熱があります。

　　クヨッジリ　　　ナヨ
☐ 구역질이 나요.
　吐き気がします。

　　パルモグル　　ッピオッソヨ
☐ 발목을 삐었어요.
　足首をくじいてしまいました。

167

②薬局に行く 약국에 가기

最近では医師の処方箋がなくては薬の調合はしてもらえなくなりましたが、市販薬ならば買うことができます。市販薬でも日本の薬よりも効き目が強いのでアレルギーが無いか、胃が弱くないかを伝える必要があります。

とっておき会話　CD 76

　　　カムギヤク　　イッソヨ
A：감기약 있어요?
（있어요？：p.38「フレーズ編」1参照）

　　ネ、　オディガ　　アップセヨ
B：네, 어디가 아프세요?

　　キッチムハゴ　　コンムリナヨ
A：기침하고 콧물이 나요.

　　ネ、アルゲッスムニダ　イ　ヤグル　ハル　セ　ボン　シックエ　トゥセヨ
B：네, 알겠습니다. 이 약을 하루 세 번 식후에 드세요.

A：風邪薬ありますか?
B：はい。どこがお悪いのですか?
A：咳と鼻水が出ます。
B：はい、分かりました。この薬を一日3回食後にお飲みください。

音読チェック▶□□□□□

頻出フレーズ

チントンジェ　ジュセヨ
□ 진통제 주세요.
痛み止めをください。

ソルサヤク　ジュセヨ
□ 설사약 주세요.
下痢止めをください。

ウィガ　ヤッケヨ
□ 위가 약해요.
胃が弱いです。

アルレルギガ　イッソヨ
□ 알레르기가 있어요.
アレルギーがあります。

③歯医者に行く 치과에 가기 생겼을 때

治療を済ませてから旅行するのが一番ですが、急な歯の痛みはどうにも我慢できません。ホテルのフロントで歯医者を紹介してもらいましょう。

とっておき会話

A : <ruby>어금니가<rt>オグムニガ</rt></ruby> <ruby>아파요<rt>アッパヨ</rt></ruby>.

B : <ruby>충치인<rt>チュンチイン</rt></ruby> <ruby>것<rt>ゴッ</rt></ruby> <ruby>같네요<rt>カンネヨ</rt></ruby>.

A : <ruby>아파서<rt>アッパソ</rt></ruby> <ruby>밥을<rt>パブル</rt></ruby> <ruby>못<rt>モン</rt></ruby> <ruby>먹어요<rt>モゴヨ</rt></ruby>.

B : <ruby>이를<rt>イルル</rt></ruby> <ruby>뽑는<rt>ッポムヌン</rt></ruby> <ruby>것이<rt>ゴシ</rt></ruby> <ruby>좋겠습니다<rt>チョッケッスムニダ</rt></ruby>.
(I-는 것이 :〜するのが 動詞現在連体形応用 p.188「連体形について」参照)

A：奥歯が痛いです。
B：虫歯みたいですね。
A：痛くてご飯が食べられません。
B：歯を抜くのがいいですね。

音読チェック▶□□□□

頻出フレーズ

□ <ruby>땜질한<rt>ッテムジラン</rt></ruby> <ruby>것이<rt>ゴシ</rt></ruby> <ruby>떨어졌어요<rt>ットロジョッソヨ</rt></ruby>.
詰め物が取れてしまいました。

□ <ruby>의치가<rt>ウィチガ</rt></ruby> <ruby>떨어지고<rt>ットロジゴ</rt></ruby> <ruby>말았어요<rt>マラッソヨ</rt></ruby>.
差し歯が 取れてしまいました。
(I-고 말다:〜してしまう)

□ <ruby>근처에<rt>クンチョエ</rt></ruby> <ruby>치과가<rt>チクヮガ</rt></ruby> <ruby>있어요<rt>イッソヨ</rt></ruby>?
近くに歯医者が<は>ありますか?

□ <ruby>진단서<rt>チンダンソ</rt></ruby> <ruby>주세요<rt>ジュセヨ</rt></ruby>.
診断書ください。

シーン別会話 12 日本を紹介する　일본을 소개하기

①日本料理　②映画・アニメ　③ハイテク製品

韓国の人々が日本に旅行する機会は増えましたし、韓国でも日本の音楽や映画に触れることはできますが、日本人の生活についてはあまり知りません。日本の電化製品やアニメーションなどに関してはとても詳しい人もいます。どんな物かを説明するのは難しいかもしれませんが、名詞＋같아요．(〜みたいです) という文型を使うと簡単に説明ができます。

第5章 ● シーン 編

①日本料理 일본요리

日本の寿司やてんぷらは、韓国でも食べることができます。最近はオムライス専門店などもできましたが、一般家庭の食卓に関してはまだまだ知らないものばかりです。

とっておき会話　　　　　　　　　　CD 78

　　　　ヤキソバ　　　　モゴボン　　　チョク イッソヨ
A：야키소바 먹어본 적 있어요?
　　(Ⅲ-본 적 있어요?:〜してみたことがありますか? 過去連体形応用 p.188「連体形について」参照)

　　　　アニヨ　　　　クゲ　　　ムォエヨ
B：아니요. 그게 뭐예요?

　　　　サルムン ククスエ　　ヤチェラン　コギルル　　ノッコ　　ポックン　イルボンニョリエヨ
A：삶은 국수에 야채랑 고기를 넣고 볶은 일본요리예요.
　　(랑：体言語尾一覧表参照)(Ⅰ-고：並列 p.183「活用リスト」14)
　　(Ⅱ-ㄴ：動詞過去連体形 p.188「連体形について」参照)

　　　　メウォヨ
B：매워요?
　　(맵다：辛い ㅂ変格活用 p.188「変格活用用言」参照)

　　　　アニヨ　　　チョグム　タラヨ
A：아니요. 조금 달아요.

A：焼きそば食べてみたことがありますか？
B：いいえ。それ何ですか？
A：野菜と肉を入れていためた麺です。
B：辛いですか？
A：いいえ。少し甘いです。

音読チェック▶ □□□□□

頻出フレーズ

　　ハングゲド　　フェジョンチョバビ インネヨ
□ 한국에도 회전초밥이 있네요.
　韓国にも回転寿司があるのですね。
　(Ⅰ-네요：p.180「語尾活用リスト」6参照)

　　イベ　　マジュルジ　　モルゲッソヨ
□ 입에 맞을 지 모르겠어요.
　お口に合うかどうかわかりません。

　　イルボンニョリヌン　　アン メウォヨ
□ 일본요리는 안 매워요.
　日本料理は辛くありません。

②映画・アニメ 영화・애니메이션

　日本のほとんどのアニメが韓国語に翻訳出版されていますし、漫画を日本語学習の教材にしている人もたくさんいます。

とっておき会話　CD 79

A：이 일본 영화 본 적 있어요?
　　イ　イルボン　ヨンファ　ボン　チョク　イッソヨ

B：아니요. 어떤 영화예요?
　　アニヨ　　オットン　ヨンファエヨ
　（어떤：p.68「フレーズ編」13参照）

A：원래는 만화책이에요.
　　ウォルレヌン　マナチェギエヨ

B：아, 그래요? 한 번 보고 싶네요.
　　ア　クレヨ　ハン　ボン　ポゴシムネヨ

A：この日本の映画見たことありますか?
B：いいえ。どんな映画ですか?
A：元々漫画本です。
B：あ、そうですか。一度見たいですね。

音読チェック▶□□□□

頻出フレーズ

□ 일본 만화는 거의 다 알고 있어요.
　　イルボン　マナヌン　コウィ　タ　アルゴ　イッソヨ
　日本のアニメ（漫画）はほとんど知っています。
　（I-고 있다：p.182「語尾活用リスト」12参照）

□ 한국 사람은 만화를 좋아해요?
　　ハングク　サラムン　マナルル　チョアヘヨ
　韓国の人はアニメ（漫画）が好きですか?
　（를/을 좋아하다：p.82「フレーズ編」20参照）

□ 한국 만화도 보고 싶네요.
　　ハングク　マナド　ポゴ　シムネヨ
　韓国の漫画も見たいですね。

□ 일본 만화는 재미있나요?
　　イルボン　マナヌン　チェミインナヨ
　日本のアニメ（漫画）は面白いですか?

第5章 ● シーン 編

③ ハイテク製品 하이테크 제품

韓国といえば、スマートフォンの性能の高さが有名で、私たちの生活にはなくてはならないものとなりましたが、韓国でも日本同様にスマホ中毒に陥る若者が増えています。

とっておき会話

CD 80

A：_{スマトゥポン クマンハゴ シッポヨ}
스마트폰 그만하고 싶어요.

B：_{スマトゥポン チュンドクチャイムル ジャカッカヌン ゲ チュンヨヘヨ}
스마트폰 중독자임을 자각하는 게 중요해요.

A：_{クッチェチョグロヌン オットッケ ハミョン テヨ}
구체적으로는 어떻게 하면 돼요?

B：_{スマトゥポン アン スヌン シガヌル カジセヨ}
스마트 폰 안 쓰는 시간을 가지세요.

A：スマホ、＜使用を＞止めたいのですが。
B：スマホ中毒であることを自覚するのが重要です。
A：具体的にはどうしたらいいですか？
B：スマホを使わない時間を持ってください。

音読チェック ▶ □ □ □ □ □

頻出フレーズ

□ _{イルボネソ チュムンハルス インナヨ}
일본에서 주문할 수 있나요?
日本から注文できますか？
（Ⅱ-ㄹ 수 있다：可能表現 p.105「活用編」10参照）

□ _{イントネッ ショッピンウン ッサヨ}
인터넷 쇼핑은 싸요?
ネットショッピングは安いですか？

□ _{イルボン コムピュトヌン ッサヨ}
일본 컴퓨터는 싸요.
日本のパソコンは安いです。

□ _{テブルリッスル サゴ シッポヨ}
태블릿을 사고 싶어요.
タブレットを買いたいです。

173

韓国語作文トレーニング

シーン別会話編10〜12で学習したフレーズを使って、次の会話の日本語を韓国語に直しましょう。

問題

1 荷物を地下鉄の中に忘れてしまいました。
◆짐(荷物)　지하철(地下鉄)

2 クーラーが壊れているみたいなのですが。
◆고장나다(故障する)

3 胃が痛くてしかたありません。
◆위(胃)

4 胃薬ありますか?
◆위약(胃薬)

5 この店はWifiがつながりますか?
◆와이파이(Wifi)

6 Wifiのパスワードを教えてください。
◆비밀번호(秘密番号)

回　答

1 짐을 지하철 안에서 잃어버렸습니다.
＊잃어버리다(忘れる)　Ⅲ-버리다(〜してしまう)

2 에어컨이 고장난 것 같아요.
＊Ⅱ-ㄴ 것 같아요.(〜したみたいだ)

3 위가 너무 아파요.
＊너무(あまりにも/とても)

4 위약 있어요?

5 이 가게는 와이파이가 연결됩니까?
＊연결(連結) 됩니까?(されている)

6 와이파이 비밀번호를 가르쳐 주세요.
＊Ⅲ-주세요.(〜してください)

音読ロールプレイ

覚えてすぐに使える短いフレーズばかりを集めました。
シーンごとのロールプレイを韓国語に直しましょう。

問題

シーン1 スマホが壊れた

A：スマホをトイレに落としてしまいました。
　　◆변기(桶)

B：この店に行けばすぐに直してくれますよ。
　　◆가게(店)　바로(すぐ)

A：　ありがとうございます。

シーン2 二日酔いがひどい

A：昨夜は飲みすぎました。
B：薬局に二日酔いの薬が売っています。
　　◆숙취해소 약(二日酔いの薬)
A：薬局はどこにありますか？

シーン3 日本旅行

A：日本に行ったことがありますか？
B：一度も行ったことがありません。
A：浅草には日本の古い町並みが残っています。
　　◆오래된 상점(古い商店)

回　　答

シーン1 스마트폰이 고장났다

    A : 스마트폰을 변기(통)에 떨어뜨렸어요.
        ◆떨어뜨리다(落とす)
    B : 이 가게에 가면 바로 고쳐 줍니다.
        ◆고쳐 주다(直してくれる)
    A : 감사합니다.

シーン2 숙취가 심하다

    A : 어젯밤에는 너무 많이 마셨어요.
    B : 약국에서 숙취해소 약 팔고 있어요.
        ◆팔고 있어요(売っている)
    A : 약국은 어디에 있습니까?

シーン3 일본 여행

    A : 일본에 간 적이 있어요?
        ◆Ⅱ-ㄴ 적 있다(〜したことがある)
    B : 한 번도 간 적이 없어요.
        ◆Ⅱ-ㄴ 적 없다(〜したことがない)
    A : 아사쿠사에는 일본의 오래된 상점들이 남아 있어요.
        ◆남아 있다(残っている)

その他の公式リスト

終結語尾

フレーズ編、活用編で**합니다**体や**해요**体などの終結語尾を学習しましたが、韓国語にはそのほかにもたくさんの終結語尾があります。一般的な会話でもしばしば使われる表現ですので覚えておきましょう。

1. です。

(イ)ヨ
(이)요.

食堂などで注文するときだけは**이에요/예요**ではなくこちらの語尾を使います。名詞の最後にパッチムがあるときは**이요**をつなげ、ないときは**요**をつなげます。

ネンミョン ハナヨ
냉면 하나요. (冷麺ひとつ)

トゥ サラミヨ
두 사람이요. (2人)

キムチッチゲ セゲヨ
김치찌개 세개요. (キムチチゲ3つ)

2. しましょうか?

ルッカヨ
Ⅱ-ㄹ까요?

ネンミョン モグルッカヨ
냉면 먹을까요? (冷麺食べましょうか?)

ネイル ヨンファ ポルッカヨ
내일 영화 볼까요? (明日、映画見ましょうか?)

カッチ シクサハルッカヨ
같이 식사할까요? (一緒に食事しましょうか?)

3. 〜ます。/〜よ。

Ⅱ- ㄹ게요. (ルケヨ)

話者の意思や確認を意味します。主語は常に1人称です。語尾の요が取れると「〜するよ」「食べるよ」となります。

제가 청소할게요. (チェガ チョンソハルケヨ) （私が掃除します）

같이 갈게. (カッチ カルケ) （一緒に行くよ）

잘 먹을게요. (チャル モグルケヨ) （いただきます）

4. ますか？

Ⅱ- ㄹ래요？ (ルレヨ)

聞き手の意思を尋ねるときに使います。

밥 먹을래요？ (パム モグルレヨ) （ご飯食べますか？）

같이 축구할래요？ (カッチ チュックハルレヨ) （一緒にサッカーしますか？）

집에 같이 갈래？ (チベ カッチ カルレ) （家に一緒に行く？）

5. 〜ですから。/〜ますから。

Ⅰ- 거든요. (コドゥンニョ)

軽い理由を表します。

이번 주는 바쁘거든요. (イボン チュヌン パップゴドゥンニョ) （今週は忙しいから）

약속이 있거든요. (ヤクソギ イッコドゥンニョ) （約束がありますから）

지금 숙제 하거든요. (チグム スクチェ ハゴドゥンニョ) （今、宿題やってますから）

6. ～ですね。

Ⅰ-네요.
ネヨ

軽い詠嘆を表します。

이 냉면은 맛있네요．（この冷麺はおいしいですね）
イ　ネンミョヌン　マシンネヨ

일본말 잘 하시네요？（日本語お上手ですね）
イルボンマル　チャラシネヨ

요즘 바쁘네요．（最近忙しいですね）
ヨジュム　パップネヨ

7. ～でしょう。／～と思います。

Ⅱ-거예요.
コエヨ

推量の語尾です。

책상 안에 있을 거예요．（机の中にあるでしょう）
チェクサン　アネ　イッスル　コエヨ

이건 맛이 없을 거예요．（これはまずいと思いますよ）
イゴン　マシ　オプスル　コエヨ

다음 주 여행갈 거예요．（来週旅行するでしょう）
タウム　チュ　ヨヘンガル　コエヨ

8. ～ですね。

Ⅰ-군요.
クンニョ／グンニョ

詠嘆表現です。主に男性が使う堅い表現です。

멋있군요．（素敵ですね）
モシックンニョ

그렇군요．（そうですね）
クロックンニョ

이 책 재미있군요．（この本、面白いですね）
イ　チェク　チェイミックンニョ

9. 〜ですか？

Ⅰ-나요？ (ナヨ)

聞き手に尋ねる場合や、自問する場合に使います。形容詞・指定詞に接続する場合はⅡ-ㄴ가요？が用いられます。

내일 비가 와도 소풍 가나요？ (ネイル ピガ ワド ソップン カナヨ)
（明日雨が降ってもハイキングに行くんですか？）

먹어야 하나요？ (モゴヤ ハナヨ) （食べなければいけませんか？）

집에 놀러가도 되나요？ (チベ ノルロカド テナヨ) （家に遊びに行ってもいいですか？）

接尾辞（尊敬・時制表現）

10. 〜します。／〜でしょう。

Ⅰ-겠습니다.／-겠어요. (ケッスムニダ・ゲッスムニダ／ケッソヨ・ゲッソヨ)

主語が1人称で動詞につなげる場合は意思を表しますが、それ以外は推量を表します。

내일부터 다이어트 하겠습니다. (ネイルプト ダイオットゥ ハゲッスムニダ) （明日からダイエットします）

오후에 비가 오겠습니다. (オフエ ピガ オゲッスムニダ) （午後に雨が降るでしょう）

전화해 주시겠습니까？ (チョナヘ ジュシゲッスムニカ) （電話してくださいますか？）

11. 〜されます。／〜なさいます。

Ⅱ-십니다.／-세요. (シムニダ／セヨ)

아버지께서 신문을 보십니다. (アボジッケソ シンムヌル ポシムニダ) （お父さんが新聞をご覧になります）

<small>ハラボジッケソ　　チェグル　イルグシムニダ</small>
할아버지께서 책을 읽으십니다.（おじいさんは本をお読みです）

<small>オンジェ　オセヨ</small>
언제 오세요?（いついらっしゃいますか？）

注意：尊敬の助詞も覚えましょう。
　　　이/가→께서　은/는→께서는　도→께서도

12. 〜しています。

<small>コ イッソヨ / ゴ イッソヨ</small>
Ⅰ-고 있어요.

現在進行形、出来事の反復や習慣を表します。たった今進行している出来事以外は頻繁には使いませんので、日本語と同じ感覚で「〜している」を乱用しないようにしましょう。

<small>チグム　パブル　モッコ　イッソヨ</small>
지금 밥을 먹고 있어요.（今、ご飯を食べています）

<small>ナルマダ　ハングゴ　コンブルル　ハゴ　イッソヨ</small>
날마다 한국어 공부를 하고 있어요.
（毎日韓国語を勉強しています）

<small>オジェヌン　チベソ　テルレビジョヌル　ポゴ　イッソッソヨ</small>
어제는 집에서 텔레비전을 보고 있었어요.
（昨日は家でテレビを見ていました）

連結語尾・助動詞

13. 〜だから / 〜から

<small>ニッカ</small>
Ⅱ-니까

一般的な理由を表すⅢ-서に比べて話者の主観が強く表れ、後続文にはⅡ-십시오/-세요命令形やⅡ-ㅂ시다/Ⅰ-자勧誘形、Ⅰ-지 마세요禁止命令形などが多く用いられます。

<small>パップニッカ　プルジ　マセヨ</small>
바쁘니까 부르지 마세요.
（忙しいから呼ばないでください）

지금 밥을 먹으니까 나중에 전화하세요.
(今はご飯を食べているから後で電話してください)

날씨가 추우니까 코트를 입으세요.
(寒いからコートを着てください)

14. 〜して

Ⅰ-고

並列の意味と、先行文で動作が終了した後、後続文で別の動作が発生する意味があります。

저는 한국어를 공부하고 형은 중국어를 공부합니다.
(私は韓国語を勉強して、兄は中国語を勉強しています)

일을 마치고 친구랑 술을 마셨어요.
(仕事を終えて友達と酒を飲みました)

무궁화호를 타고 경주에 갔습니다.
(むくげ号に乗って慶州に行きました)

15. 〜しても

Ⅲ-도

主に後続文に**좋아요**(いいです)、**괜찮아요**(大丈夫です)、**돼요**(いいです)が用いられます。それ以外の後続文をつなげるときは、先行文に副詞**아무리**(どんなに)と共に用いられます。

쥬스를 마셔도 괜찮아요. (ジュースを飲んでもいいですよ)

집에 가도 돼요. (家に帰ってもいいですよ)

아무리 돈이 많아도 행복하지 않아요.
(どんなにお金があっても幸せではありません)

16. ~しに

Ⅱ-러
ㅁ

後続文には가요（行きます）、와요（来ます）が用いられます。

영화 보러 가요. （映画を見に行きます）
ヨンファ ポロ カヨ

밥 먹으러 왔어요. （ご飯を食べに来ました）
パム モグロ ワッソヨ

친구를 만나러 갔어요. （友達に会いに行きました）
チングルル マンナロ カッソヨ

17. ~ながら

Ⅱ-면서
ミョンソ

밥을 먹으면서 텔레비전을 봐요.
パブル モグミョンソ テルレビジョヌル パヨ
（ご飯を食べながらテレビを見ます）

잡지를 보면서 과자를 먹어요.
チャプチルル ポミョンソ クヮジャルル モゴヨ
（雑誌を見ながらお菓子を食べます）

노래를 부르면서 울었어요.
ノレルル プルミョンソ ウロッソヨ
（歌を歌いながら泣きました）

18. ~なので

Ⅰ-기 때문에
ギッ テムネ

| 基本文型ですが、堅い表現なので主に論文や演説などに使われ、一般的な会話ではp.92「活用編」7の理由・原因を表すⅢ-서（～て・～なので）が多く使われます。|

前述の文が理由となって後述の動作がなされることを表します。

배가 아프기 때문에 출근 못 했어요.
ペガ アップギッ テムネ チュルグン モッ テッソヨ
（お腹が痛いので出勤できませんでした）

너무 어렵기 때문에 이해 못 합니다.
ノム オリョプギッ ッテムネ イヘ モッ タムニダ
（あまりにも難しいので理解できません）

184

너무 많이 먹었기 때문에 아무것도 먹고 싶지 않아요.
(あまりにもたくさん食べたので何も食べたくありません)

19. 〜ています。

現在進行形とは違い、動作が完了し、その後継続することを表します。

> Ⅲ-있어요.

의자에 앉아 있어요. （椅子に座っています）
글씨가 써 있어요. （字が書いてあります）
책이 놓여 있어요. （本がおいてあります）

20. 〜しなければなりません。

> Ⅲ-야 해요. / -야 돼요.

숙제를 해야 해요. （宿題をしなければなりません）
한국어를 공부해야 돼요. （韓国語を勉強しなければなりません）
시장 보러 가야 돼요. （買い物に行かなければなりません）

21. 〜ですが。/〜んですが。

形容詞と指定詞につなげる場合は第Ⅱ活用。

> Ⅱ-ㄴ데요.

이 가방 예쁜데요. （このカバンかわいいんですが）

<ruby>내일<rt>ネイルン</rt></ruby>은 <ruby>바쁜데요<rt>パップンデヨ</rt></ruby>. （明日は忙しいんですが）

<ruby>오늘<rt>オヌルン</rt></ruby>은 <ruby>토요일인데요<rt>トヨイリンデヨ</rt></ruby>. （今日は土曜日なんですが）

22. ～していますが。/ ～んでいますが。

I - <ruby>는데요<rt>ヌンデヨ</rt></ruby>.

動詞と存在詞をつなげるときは第Ⅰ活用。

<ruby>지금<rt>チグム</rt></ruby> <ruby>없는데요<rt>オムヌンデヨ</rt></ruby>. （今、いないんですが）

<ruby>내일<rt>ネイルン</rt></ruby>은 <ruby>시간<rt>シガニ</rt></ruby>이 <ruby>없는데요<rt>オムヌンデヨ</rt></ruby>. （明日は時間がないんですが）

<ruby>밖에<rt>パッケ</rt></ruby> <ruby>비가<rt>ピガ</rt></ruby> <ruby>오는데요<rt>オヌンデヨ</rt></ruby>. （外は雨が降っているんですが）

23. ～と申します。

(<ruby>이<rt>イ</rt></ruby>) <ruby>라고<rt>ラゴ</rt></ruby> <ruby>합니다<rt>ハムニダ</rt></ruby>.

自己紹介などで用いられる指定詞につながる間接話法です。体言の語尾にパッチムがあるときは이라고 합니다.をつなげ、パッチムがないときは라고 합니다.をつなげます。日本人の名前は母音で終わりますので이は入りません。

<ruby>저는<rt>チョヌン</rt></ruby> <ruby>오카와라고<rt>オオカワラゴ</rt></ruby> <ruby>합니다<rt>ハムニダ</rt></ruby>. （私は大川と申します）

<ruby>저는<rt>チョヌン</rt></ruby> <ruby>윤<rt>ユン</rt></ruby> <ruby>대권이라고<rt>テグォニラゴ</rt></ruby> <ruby>합니다<rt>ハムニダ</rt></ruby>. （私はユン・テグォンと申します）

<ruby>유키는<rt>ユキヌン</rt></ruby> <ruby>한국어로<rt>ハングゴロ</rt></ruby> <ruby>눈이라고<rt>ヌニラゴ</rt></ruby> <ruby>합니다<rt>ハムニダ</rt></ruby>. （雪は韓国語でヌンと言います）

変格用言と連体形について

1. 特殊語幹と変格活用用言

　活用するとき、語幹末の形自体が変化するなど、不規則な活用をする特殊語幹用言と、変格活用用言を紹介します。どのような変化があるのか見ておきましょう。

A) 알다→압니다→알아요．
<small>アルダ　　アムニダ　　アラヨ</small>
　　知る→知ります（語幹末にあるはずのパッチムがなくなっています）→知ります

B) 바쁘다→바쁩니다→바빠요
<small>パップダ　　パップムニダ　　パッパヨ</small>
　　忙しい→忙しいです→忙しいです（語幹末の母音の形が変化しています）

C) 걷다→걷습니다→걸었습니다
<small>コッタ　　コッスムニダ　　コロッスムニダ</small>
　　歩く→歩きます→歩きました（語幹末のパッチムの形が変化しています）

2. 特殊語幹用言と変格活用用言の種類

　特殊語幹は2種類、変格活用用言は6種類あります。
　第4章の「活用形について」(p.92～95)にて、3種類の活用形を用いれば、すべての用言の活用が可能であり、活用するときに用言の語幹自体は変化しないと学習しました。たとえ基本形の語幹末の形が同じだとしても、規則的な活用をする正格用言と、変格用言の2種類があるので注意しなくてはなりません。間違いのないきれいな韓国語を話すためには必要不可欠な項目です。

● 特殊語幹用言2種類

　　ㅡ語幹　　語幹末に母音のㅡを持つ一部の動詞・形容詞
　　ㄹ語幹　　語巻末に子音のㄹを持つすべての動詞・形容詞

● 変格活用用言6種類

　　ㄷ変格　　語幹末にㄷを持つ一部の動詞・形容詞
　　ㅅ変格　　語幹末にㅅを持つ一部の動詞・形容詞
　　ㅂ変格　　語幹末にㅂを持つ一部の形容詞
　　르変格　　語幹末に르を持つすべての用言（一部はㅡ語幹）
　　ㅎ変格　　語幹末にㅎを持つ一部の形容詞
　　러変格　　語幹末に러を持つ一部の動詞・形容詞

3. 特殊語幹と変格活用用言の活用一覧表

A) 特殊語幹

特殊語幹の種類	用言	第Ⅰ活用	第Ⅱ活用・Ⅱ-면	第Ⅲ活用・Ⅲ-요	その他
ㄹ語幹	팔다	–	팔면	–	팝니다 파십니다 팔 수 있다 파니까
ㅡ語幹	고프다 예쁘다	–	–	고파요 예뻐요	–

B) 変格活用用言

変格の種類	用言	第Ⅰ活用	第Ⅱ活用면	第Ⅲ活用요
ㄷ変格用言	듣다	–	들으면	들어요
ㅅ変格用言	낫다	–	나으면	나아요
ㅂ変格用言	맵다	–	매우면	매워요
르変格用言	빠르다	–	–	빨라요
러変格用言	이르다	–	–	이르러요
ㅎ変格用言	그렇다	–	그러면	그래요

4. 連体形について

　連体形とは、名詞を用言で修飾するときに必要な連結語尾です。動詞と存在詞は同じ活用をします。また形容詞と指定詞が同じ活用をします。

●現在連体形とは…
①形容詞の現在連体形　「きれいな色」：「～な+名詞」「～い+名詞」
　指定詞の現在連体形　「小説家である李先生」：「～である+名詞」「～の+名詞」
②動詞の現在連体形　　「降っている雨」：「する+名詞」「している+名詞」
　存在詞の現在連体形　「美味しい食べ物」：「～い+名詞」

●過去連体形とは…
① 形容詞の過去連体形　「きれいだった色」：「～だった＋名詞」「～かった＋名詞」
　　指定詞の過去連体形　「小説家だった李先生」：「～だった＋名詞」
② 動詞の過去連体形　　「降った雨」「降っていた雨」：「～た＋名詞」「～ていた＋名詞」
　　存在詞の過去連体形　「美味しかった食べ物」：「～かった＋名詞」

　そのほか過去連体形には、過去の動作の継続や現在完了を表す過去回想連体形と、遠い過去や過去完了を表す大過去連体形があります。

●未来連体形とは…
① 動詞の未来連体形　　「降る雨」「降るはずの雨」：「～るはずの＋名詞」
　　存在詞の未来連体形　「美味しいはずの食べ物」：
　　　　　　　　　　　　「～い＋名詞」「～いはずの＋名詞」
② 形容詞の未来連体形　「きれいなはずの色」：「～なはずの＋名詞」
　　指定詞の未来連体形　「小説家であるはずの李先生」：「～であるはずの＋名詞」

5. 連体形活用一覧表

連体形の時制	現在連体形	過去連体形			未来連体形
		単純過去（過去全般）	回想過去（現在完了）	大過去（過去完了）	
動詞・存在詞	Ⅰ-는	Ⅱ-ㄴ / Ⅰ-던*	Ⅰ-던	Ⅲ-ㅆ던	Ⅱ-ㄹ
形容詞・指定詞	Ⅱ-ㄴ	Ⅰ-던			

*動詞と存在詞は基本的には同じ活用をしますが、存在詞の単純過去だけはⅠ-던を使います。

巻末 フレーズ集

第2章「あいさつ編」の基本フレーズに加え、第3章「フレーズ編」の頻出フレーズの一部を日韓対訳で、巻末付録としてまとめました。

1　こんにちは

2　はじめまして

3　会えてうれしいです

4　お久しぶりです

5　お元気でしたか

6　お元気でお過ごしでしたか

7　さようなら

8　また、会いましょう

9　後で、会いましょう

10　お気をつけて

1 アンニョンハセヨ
안녕하세요.

2 チョウム ペプケッスムニダ
처음 뵙겠습니다.

3 マンナソ パンガプスムニダ
만나서 반갑습니다.

4 オレガンマニエヨ
오래간만이에요.

5 チャル イッソッソヨ
잘 있었어요?

6 チャル チネショッソヨ
잘 지내셨어요?

7 アンニョンヒ カセヨ
안녕히 가세요.

8 ット マンナヨ
또 만나요.

9 ナジュンエ ベヨ
나중에 봬요.

10 チョシメソ トゥロカセヨ
조심해서 들어가세요.

11   分かりましたか

12   分かりました

13   ありがとうございます

14   感謝いたします

15   どういたしまして

16   遠慮しないでください

17   ごめんなさい

18   申し訳ございません

19   謝罪します

20   許してください

11 アルゲッスムニッカ
알겠습니까?

12 チャル アルゲッスムニダ
잘 알겠습니다.

13 コマプスムニダ
고맙습니다.

14 カムサハムニダ
감사합니다.

15 チョンマネヨ
천만에요.

16 サヤンハジ　マセヨ
사양하지 마세요.

17 ミアナムニダ
미안합니다.

18 ノム　チェソンヘソ　トゥリル　マルッスミ　オプスムニダ
너무 죄송해서 드릴 말씀이 없습니다.

19 サジェハゲッスムニダ
사죄하겠습니다.

20 ヨンソヘジュセヨ
용서해주세요.

21	すみませんが
22	すみません（店員を呼ぶとき）
23	悪いけれど
24	頼んでもいいですか？
25	どのようなご用件ですか？
26	どうしたのですか？
27	ご相談があるのですが
28	～と申します
29	～という会社です
30	～という大学です

21 シルレジマン
실례지만

22 チョギヨ
저기요.

23 チェソンハジマン
죄송하지만

24 プッタクトゥリョド　テルッカヨ
부탁드려도 될까요?

25 ムスン　ヨンコニシムニッカ
무슨 용건이십니까?

26 ムスン　ニリセヨ
무슨 일이세요?

27 サンダマゴ　シップン　ニリ　イッスムニダ
상담하고 싶은 일이 있습니다.

28 ラゴ　ハムニダ
~(이)라고 합니다.

29 ラヌン　フェサイムニダ
~(이)라는 회사입니다.

30 ラヌン　テハッキョイムニダ
~(이)라는 대학교입니다.

31　私は学生です。

32　私は韓国人ではありません。

33　どなた様ですか？（どちら様ですか？）

34　もしもし

35　メールください。

36　サインしてください。

37　これいくらですか？

38　地下鉄の切符はいくらですか？

39　何時ですか？

40　韓国語で何といいますか？

31 チョヌン ハクセンイエヨ
저는 학생이에요.

32 チョヌン ハングクサラム アニエヨ
저는 한국사람 아니에요.

33 オディセヨ
어디세요?

34 ヨボセヨ
여보세요?

35 メイル ジュセヨ
메일 주세요.

36 ッサイン ヘ ジュセヨ
싸인 해 주세요.

37 イゴ オルマエヨ
이거 얼마예요?

38 チハチョル ピョヌン オルマエヨ
지하철 표는 얼마예요?

39 ミョッシエヨ
몇 시예요?

40 ハングンマルロ モラゴ ヘヨ
한국말로 뭐라고 해요?

41　どこにありますか？/ どこにいますか？

42　どんな色がありますか？

43　どんなものがありますか？

44　あの方は誰ですか？

45　どうして人が多いのですか？

46　どうすればいいですか？

47　これよりあれがいいです。

48　すごくいいです。

49　どんな食べ物が好きですか？

50　私は焼き肉が好きです。

41 オディエ　イッソヨ
어디에 있어요?

42 オットン　セギ　イッソヨ
어떤 색이 있어요?

43 オットンゴシ　イッソヨ
어떤 것이 있어요?

44 チョ　ブヌン　ヌグセヨ
저 분은 누구세요?

45 ウェ　サラミ　マナヨ
왜 사람이 많아요?

46 オットッケ　ハミョン　チョアヨ
어떻게 하면 좋아요?

47 イゴッポダ　チョゴシ　チョアヨ
이것보다 저것이 좋아요.

48 ノム　チョアヨ
너무 좋아요.

49 オットン　ウムシグル　チョアヘヨ
어떤 음식을 좋아해요?

50 チョヌン　プルコギルル　チョアヘヨ
저는 불고기를 좋아해요.

●著 者
鶴見ユミ（つるみ ゆみ）

神奈川県出身。延世大学大学院・国文科にて近代文学を専攻。韓国語講師、翻訳、通訳に従事。有限会社アイワード取締役。韓国語をゼロから始めて1週間に一度の受講で1年以内にマスターさせるという文法に重点を置いた講義に定評がある。韓国語教室ホームページ：http://www.aiword.net 著書に『ゼロからスタート韓国語 文法編』『ゼロからスタート韓単語 BASIC1400』『韓国語単語スピードマスター 中級2000』『夢をかなえる韓国語勉強法』『魔法の韓国語会話』（以上、Jリサーチ出版）、訳書に『僕は「五体不満足」のお医者さん』（アスペクト）がある。

カバーデザイン	滝デザイン事務所
本文デザイン／DTP	藤本恭子（株式会社ライフマネジメント）
本文DTP	石渡 修（株式会社ライフマネジメント）
カバー・本文イラスト	池上真澄
ナレーション協力	李忠均
	宋俐奈
	水月優希
音声収録・編集	一般財団法人 英語教育協議会（ELEC）
CD制作	高速録音株式会社

新ゼロからスタート　韓国語（会話編）

平成28年（2016年）　8月10日　　初版第1刷発行
平成31年（2019年）　4月10日　　第3刷発行

著　　者	鶴見 ユミ	
発 行 人	福田 富与	
発 行 所	有限会社 Jリサーチ出版	
	〒166-0002 東京都杉並区高円寺北2-29-14-705	
	電　話　03(6808)8801㈹　FAX 03(5364)5310	
	編集部　03(6808)8806	
	http://www.jresearch.co.jp/	
印 刷 所	株式会社シナノ パブリッシングプレス	

ISBN978-4-86392-305-8　　禁無断転載。なお、乱丁・落丁本はおとりかえいたします。
Ⓒ2016　Yumi Tsurumi, All rights reserved.